多年草で
手間いらず！

長く続けられる美しい庭づくり

青木純子

主婦の友社

はじめに

私のこと・園芸のこと

これまで約30年、試行錯誤を重ねながら、京都にある自宅の庭をつくってきました。「この先、年齢を重ねても、無理なく美しい庭を維持するにはどうしたらいいだろう？」と思い始めたのが、50才になったころです。

そして、いろいろ失敗しながらも、ようやくたどりついたのが、今の園芸スタイル、「手間いらずの多年草で長く続けられるローメンテナンスガーデニング」でした。

この本ができたきっかけ

ガーデニング雑誌『園芸ガイド』で、わが家の夏の園芸作業をご紹介したところ大きな反響がありました。その後、続編として秋と冬の園芸作業を2回にわたりご紹介することになりました。

そこで、同じ悩みをもつガーデナーが多いことを知りました。

多年草で
手間いらず！

長く続けられる
美しい庭づくり

青木純子

主婦の友社

この本に追加したこと

この本では、好評だった記事に春の園芸作業を加えて再編集しました。作業を効率的にすませる青木流の工夫や作業のタイミング、便利な雑貨や道具など、すべて実例写真をつけてわかりやすく解説しています。わが家の庭で育てた植物で、異常気象にも負けない、手間いらずのおすすめの植物（春・初夏・盛夏・秋・冬編）も加えました。

また、育てた草花を最後まで楽しんであげたいと、生花のアレンジメントやドライフラワーのクラフト、料理などのアフターガーデニング、そして植物を土にもどすエコな自家製腐葉土作りなどもたくさん詰め込みました。

さて、そろそろ庭の作業を一緒に始めましょう！

＊多年草とは、一度植えつけると複数年同じ株から花を咲かせたり、葉を観賞できる植物。宿根草も含まれる。

CONTENTS

こっそり教えたい

ローメンテナンスガーデンのゴールデンルール

《 世話がラクな植物を植える 》

世話がラクな植物とは、病害虫に強く自然に形が整い、乾燥や多湿にも負けない自然降雨で育つ植物。薬剤をまく必要もありません。また、最近の異常気象にそなえ、耐寒性・耐暑性の強い植物を選ぶのも大切なポイントです。

| 季節別おすすめ植物 |

春 p36～37　夏 p63～67

秋 p94～95　冬 p116～117

葉ものの魅力を再発見!

色も形も感触も想像以上に多彩な葉もの。花がらとりもほとんどなく、手入れは水やりだけ。丈夫な葉ものが彩る夏の庭は涼しげで使わないともったいない!

季節の鉢植えでガーデンを華やかに

緑が多い庭に彩りを添えるには、季節の鉢植えが便利。ローメンテナンスな多年草の鉢植えや、一年草を季節ごとに入れかえた鉢植えなどを飾ると、庭がいっきに華やかに。

| 季節別おすすめ鉢植え |

春 p22～23

夏 p54～56

秋～冬 p90～93

鉢植えの数を減らす

鉢植えの数が多いと、夏の水やりや季節の植えかえ、場所の移動などで運ぶのも大変です。できるだけ鉢植えの数を減らし、残った鉢を軽いものにするのが、長くガーデニングを楽しむためのひとつの秘訣です。

鉢植えを減らす工夫❷

大型の鉢植えは、高低の変化をつけたい花壇後方に設置する。平面的になりやすい植栽の中に置くと、鉢の数が減らせ植栽に変化が生まれる。鉢は、その手前の草花で隠すようにすると自然に庭になじむ。中央奥は大型のギボウシ、手前左はツバキ‘エリナカスケード’。

鉢植えを減らす工夫❶

通路のレンガをはずして、鉢ひとつ分のスペースを確保。その下の土を取り除き園芸用土を入れて、そこの環境に合う草花を植える。鉢の数が減らせ、その植物が庭を彩る。写真の植物はアルコス黄金。

手入れしやすい場所に植える

つる性や匍匐《ほふく》性、草丈など、植物の性質を考えて、手が届く場所に植えると手入れしやすい。特に、花壇奥の植物は手が届きにくいので、成長が遅く自然に形が整い、やや放任でいられる品種を選ぶと手入れがラクです。

ヘンリーヅタをつり鉢に植えると、秋の紅葉も楽しめ、庭のアクセントにも。

つる性植物は要注意

アイビー（右）やヘンリーヅタ（左）などの生育旺盛なつる性植物を、花壇の奥に植えて塀に絡ませると、夏の終わりに整理が大変。花壇の手前に植えたり、つり鉢に仕立てたりすると、つるが簡単に整理できる。

身近な道具で作業をラクに

身近な道具や生活雑貨を使うと、作業がラクになります。軽い洗濯かごは剪定枝や雑草を運ぶときに、工作用ハサミは土袋の開封に、洗濯バサミはつるバラの誘引に。スムーズに作業が進むのでおすすめです。

生活雑貨をフル活用

洗濯かごなどに使うポリエチレン樹脂のバケツは、軽くてとっても便利。土を作ったり、剪定枝や雑草を運んだり、水を入れて整理した草花を入れたり、作業に大活躍する。

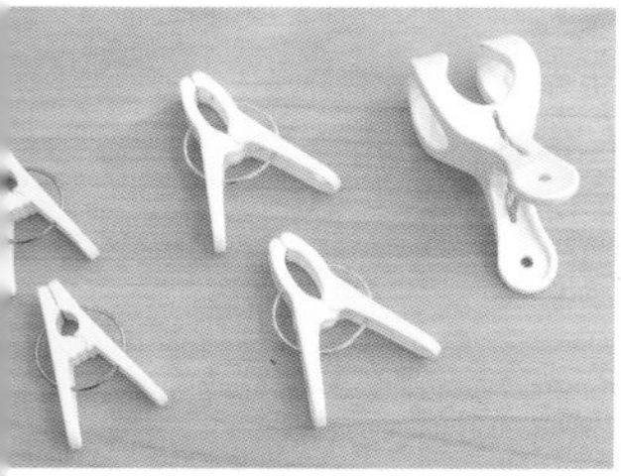

洗濯バサミは大中小、多数用意しておくと、つるバラの誘引や防寒用の不織布などを鉢植えにかぶせるときに便利。穴の大きさで使い分ける。

鉢植えを整理するとき、発泡ポリエチレンの風呂マットを敷いて作業をすると、鉢を傷つけず後片づけも簡単。また、冬の作業では、足元に敷くと暖かく、膝をついても痛くない。

おすすめの園芸道具 | p42〜

ガーデニングがラクになるアドバイス

雑草を抜いたり、花がらをとったり、水やりしたり、日々の園芸作業はいろいろ。ガーデニングの作業がもっとラクになるアドバイスをご紹介します。

道具にこだわる

たとえば、夏の園芸作業に欠かせない水やり。市販のホースについている散水ノズルだと、花壇奥の植物の根元や、高いところにあるつり鉢などに水やりがしにくい。でも、柄が長いタイプの散水ノズルにとりかえると、もっと水やりがラクにできる。

《最小限の手間で美しい庭づくり！》

できるだけムダな園芸作業は省きたいもの。それには、丈夫な植物を選び、世話をしやすい場所に植物を植え、適期に先を見越した作業をすませると、最小限の手間で美しい庭がつくれます。

作業は適期に

密になった枝や伸びすぎた枝の整理は晩秋～12月に。植物の成長や性質、気候に合わせて作業を適期にするのが大切。

12月の樹木の整理。剪定枝は捨てないで、アレンジメントや自家製腐葉土作り（98～99ページ参照）に使うとエコ。剪定枝は右上からミモザ（ギンヨウアカシア）、ユーカリ、オリーブ、ドドナエアなど。

《園芸作業は先を見越して》

晩秋に樹木の枝の整理をすると、風通しがよくなり病気の予防になります。また、冬、完熟堆肥を花壇に厚く敷くと、雑草予防や防寒に有効です。園芸作業は先を見越してするとあとがラク。

晩秋、葉が落ちたアジサイの枯れ枝を取り除くと風通しがよくなる。後ろの塀にシュロ縄で固定しておくと強風で枝が折れたりしない。

12月、花壇や鉢植えに完熟堆肥を厚さ5㎝敷き詰めると、雑草予防や防寒対策に効果がある。寒さが苦手な植物には厚めに敷くのがポイント。

2005年
5月

華やかなバラ‘ラビーニア’とジギタリスが咲き誇る、庭づくり初期のゴージャスな印象の庭。

青木家のガーデンヒストリー
1

「見せる庭」から「癒やしの庭」へ

GARDEN DATA

広さ	メインガーデン44㎡ 玄関側ガーデン7㎡
庭年齢	約30年
植物の種類	約400種

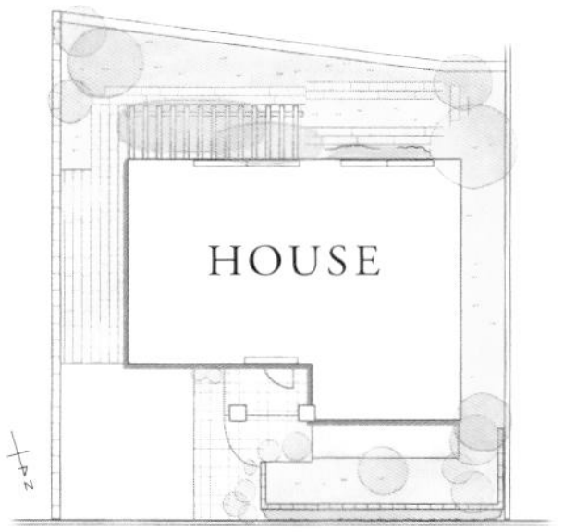

二人の子どもたちが幼稚園に通うようになった30代後半から、私の庭づくりがスタートしました。庭や草花の写真をアルバムに添えたのがきっかけで、撮影も本格的に始めました。

40代はバラに憧れ、バラを引き立てる草花に惹かれ、いま思えば、「見せる庭」づくりに没頭していました。バラの本を読みあさり、毎朝害虫を捕殺し、薬剤をまいたり。草花をタネから育て、季節の寄せ植えをたくさん作ったのもこのころです。

その後、花を咲かせるだけでなく、日陰を彩る葉ものの魅力を発見。種類が豊富で葉色も豊か、そのうえ、手入れがラクで丈夫な葉ものは、現在の庭でも大活躍です。手入れに時間がかかるバラは、薬剤散布をしなくても病気にかかりにくい品種に、しだいに入れかえていきました。

2019年
5月上旬

入院にそなえて、庭のローメンテナンス化に着手。鉢数を減らし、素焼き鉢を軽いグラスファイバーやプラスチック鉢に交換。植物も最近の異常気象に耐えられる、丈夫なローメンテナンスな種類に入れかえていった。

2019年
6月上旬

リビングから見える花壇の植物は、“一度植えたら、ずっと長く楽しめる”多年草や樹木類。初夏〜夏はアジサイやギボウシ、冬〜早春はスキミアやツバキ、シクラメン・コウムなどの花が楽しめる。手入れは、水やりと隣の植物をじゃまする枝葉を整理するくらい。

両親の介護が始まった50代。ガーデニングに時間を割くことが難しくなり、また、腰に負担がかかる園芸作業が少しつらくなってきました。

将来のことを考え、メインガーデンのリフォームを始めたのは２０１２年の秋。思いきって植栽面積を減らし、花壇の奥まで手が届く庭に改造しました。一年草の数を減らし、病害虫に強いローメンテナンスの多年草や樹木類を植えるなど、植栽にもひと工夫。目指したのは、庭のどこかで季節の花が咲く、そんな緑が多い「癒やしの庭」でした。

長年悩んでいた腰痛の原因が、変形性股関節症だとわかったのは60才になったころ。両脚の手術を控え、再び園芸作業を見直すことにしました。ペンキの塗りかえが大変なトレリスや鉢植えの数をできるだけ減らし、残す鉢も軽くて運びやすいものに総入れかえ。おかげで、手術後は、ガーデニングをスムーズに再開することができるようになりました。

ようやく完成した手入れがラクな「癒やしの庭」――これからもマイペースで長く楽しくガーデニングが続けられそうです。

青木家の
ガーデンヒストリー
2

無理をしないで楽しめる庭づくりを目指して

50代に入ると、季節ごとの植えかえや寄せ植え作り、タネまきなどの作業は腰への負担が大きく、体力的にも自信がもてなくなってきました。同時に、園芸への熱意も落ち着いてきました。

とはいえ、庭に植物がない暮らしは考えられません。60代以降も、体への負担が少なくて楽しいガーデニングを続けていくことを考え、２０１２年10月に、大々的に花壇をリフォームすることにしました。リフォームの目的は、第一に「植物の手入れのしやすさ」。そして「手のかからない植物を選んで植えること」。

年齢やガーデニングに費やせる時間などを考えて、庭の構造や植物の選別、園芸作業などを見直すと、ガーデニングがもっとラクになります。

具体的な内容とレンガ花壇作りの手順をご紹介します。

《 リフォームのポイント 》

Point 1
花壇の奥行きを1m以内にし植栽面積を減らす

花壇の二方向から手入れができるようにデザインを変更。通路も広くなった。植栽面積が減ったので、雑草とりなどの世話がラクになった。

Point 2
花壇をレイズドベッドにする

花壇をレンガ2個分高くし、土を加えた。膝をついての作業がラクになった。レンガをセメントで固定しなかったのは将来の再リフォームにそなえて。レンガ2段なら積むだけで形もくずれにくい。

Point 3
植物(特に一年草)を減らし丈夫な植物を植える

京都の夏の猛暑や冬の寒さ、病害虫に強い多年草を中心に植栽。支柱が不要な草丈1m以下の植物を選んだことで、豪雨の後も庭が荒れにくくなった。

Point 4
雑草が生えるスペースを減らす

完熟堆肥を5cmの厚さで花壇に敷き詰めたら、雑草が生えにくくなり、夏季の水分の蒸散量が減って水やりがラクになった。アジュガなどをグラウンドカバーに植えたら、雑草が生えるスペースも減らせた。

リフォーム前は通路の幅が狭く、キャットミントなどの植物が前にせり出すと、通りにくく、手入れや水やりがしにくかった。

リフォーム前
（2006年6月）

初期の庭（10ページ参照）よりは淡い同系色の花色に変化した。バラや一年草から多年草やアジサイなどの花木に興味が広がりだした。

リフォーム後
（2019年6月下旬）

レイズドベッドになった奥行きが浅い花壇は、膝をついての作業や水やりなどがしやすくなった。植物も手間いらずの植物に厳選したため、以前より手入れが減った。

花壇＋通路リフォームの実際

週末ガーデナーの夫に手伝ってもらい、長さ1mずつ通路と花壇をリフォームしていきました。残す植物以外は、友人にプレゼント。土壌改良しながら作業を進め、完成までに2カ月かかりました。

1

花壇の植物を掘り上げ、鉢に仮植えし、リフォーム後に残す植物を選別。その後、花壇を土壌改良(土を掘り返して植物の残った根を整理し、発酵鶏ふんやくん炭、骨粉、苦土石灰、腐葉土などを古い土にすき込む)したあと、植物を配置し植える。

2

花壇の縁のレンガを積む部分に、砂利を敷き詰め、板を置いて水準器で水平を確認する。

3

レンガの角を金づちで軽くたたいて角を落とす。レンガを配置したら金づちの柄で突いてしっかり固定する。レンガの角を落とすのは、手軽にアンティーク風に仕上げる方法。新しいレンガにコケがつきやすく、庭に早くなじむ。

道具:左から、スコップ、根切り用スコップ、水準器、レンガを切る道具、金づち、発泡ポリエチレンの風呂マット(敷いて作業をすると、鉢やレンガを傷つけず、膝にもやさしく暖かいすぐれもの)

4

通路部分に、レンガの角は落とさず(隙間ができて雑草が生えるため)、花壇の縁と同じ手順で敷き詰める。端の処理は、レンガタガネと金づちを使ってサイズを調整。通路奥を少し高めに、左側にゆるやかに傾斜するようにレンガを敷き、雨水枡に雨水が流れるように工夫。

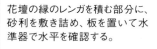

青木家の
ガーデンヒストリー
3

一年草から葉もの中心の表庭へ

わが家にはもうひとつ、北側の通りに面した庭があります。こちらも、庭づくりを始めた当初は、一年草中心の華やかな庭でした。その後、コリウスやカラジウムなどカラフルな葉ものの時代をへて、現在は落ち着いた印象の葉もので構成しています。2018年の手術後しばらくは、ガーデニングがほとんどできなくなることを想定して、鉢植えも撤去し、さらにローメンテナンスな庭になりました。

2003年
6月

インパチェンスが華やかな“見せる”庭

このころの初夏の定番花は、インパチェンスやベゴニアなど花色のバリエーションがある夏の草花。北側の通りに面しているため、半日陰でもひなたでもOKの草花を選んでいた。

2007年
8月

鮮やかな葉ものが彩る“遊ぶ”庭

春の定番のチューリップやパンジーを整理したあと、白花のインパチェンスや白いカラジウムを植えて涼しさを演出したり、色鮮やかなクロトンやコリウスなどを植えて、夏らしさを演出したり。葉ものを多用することで、花がら摘みの手間もなく、水やりだけのメンテナンスでよいことに気づいた。

アジサイのコレクションと葉ものの組み合わせ“癒やしの”庭

2012年のメインガーデンのリフォーム（12～15ページ参照）と同時に、玄関側の花壇に一年草を植えなくなった。かわりにギボウシやヒューケラなど、ローメンテナンスの葉ものを植栽。晩春と晩秋の苗の植えかえがなくなり、手入れはぐんとラクになった。

三方向から手入れできるこれからも長く“楽しめる”庭

さまざまな葉色が調和して、落ち着いた雰囲気の花壇になった。以前から集めていたアジサイやヤマアジサイ6種が大株になり、初夏は見ごたえ十分。花壇のバックに設置していた白いトレリスを撤去し、花壇裏側からも手入れしやすくなった。

春の庭のプレリュード

Spring Garden

スプリングガーデン

早春の花や草花の芽吹きを楽しんで

「今年はどんな庭になるだろう？」、「新しく植えた植物は大丈夫？」など、春はガーデナーにとって、期待でわくわくしながらも気になる季節です。

冬までにいろいろな園芸作業をすませたので、春は、これといった大きな作業はありません。作業に追われることもなく、のんびりと本格的な春の到来を待つことにしています。

今年も会えた草花の芽吹きを喜び、芽吹いたアジサイの花芽の数を数えたり、今年のアジサイは何色かと想像したり。暖かくなって庭に出られるので、うれしくて庭をうろうろして草花のようすを見回っています。

でも、チューリップなどが咲き始める4月上旬までの庭は新芽の緑が多く、まだまだ寂しい感じがします。

そこで、秋に植えつけ冬じゅう楽しんでいたパンジーやビオラなどの鉢植えを、庭の通路やコーナーに飾って庭を華やかに彩り早春を楽しむことにしています。

冬じゅう、花を咲かせたパンジーとビオラの寄せ植え。春になると花数が増え、さらに華やかに。椅子などで高さを出して飾ると、早春の庭のアクセントとして活躍。

ミモザが満開になると春の園芸スタート

3月下旬～4月上旬のミモザが満開になるころ、そろそろ春のガーデニングのスタートです。少しずつ成長する植物たちのペースに合わせた小さな作業が主なので、のんびりと作業が進められます。

花が終わった早春のスイセンやヒヤシンスの花がらの整理、伸びてきたクレマチスのつるの誘引など、毎朝の見回りで、見つけたら整理し誘引する、そういったついでにできる小さな作業です。

そしてミモザが満開を過ぎたら、春一番の大きな作業、ミモザの強剪定が待っています。また、ソメイヨシノの花が散るころ、手に入りにくい草花のタネまきをすることも春の恒例行事です。

バラも新葉を展開し始めるので、毎朝、葉裏にチュウレンジハバチの幼虫がいないか、アブラムシの発生はないかをチェック。

そんな本格的な春の訪れとともに少しずつ増えてくる、わが家の春の園芸作業をご紹介します。

3月下旬

ミモザが満開のころ咲くのは、庭の古株、バイモユリやスイセン‘テータテート’、ヒヤシンス、クリスマスローズなど。まだまだ花は少ないけれど、毎春会える植物たちに感謝。

4月中旬

4月中旬にもなると、庭はいっきに華やかになる。秋に植えたチューリップや、毎年顔を見せてくれる原種系のチューリップなどが咲き誇り、いよいよガーデニングの季節の到来。

4月中旬

表庭では、ヒューケラの色鮮やかな新葉が展開し、早咲きのクレマチス・モンタナの淡いピンク色の花やツルニチニチソウの紫色の花が咲く。徐々ににぎやかになってきた。

手間いらずのヒューケラやスモークツリーなどの葉もの。初夏に咲く花は地味だが、色鮮やかな葉が、半日陰の北側の玄関周りを華やかに演出してくれる。

赤い実をつけたスキミア‘ファイチー’の前に植えた、ライムグリーンの新葉が美しいアイビー。生育旺盛だが、花壇の手前に植えたので手入れがしやすい。

クレマチス・モンタナ‘エリザベス’の花。前年伸びたつるに花が咲くので、花後の花がらの整理と、つるが密になってきたら少し間引くくらいの手入れでよい。

バラの開花まで鉢植えを飾ってにぎやかに

チューリップの季節が過ぎたら、春の花の鉢植えを花壇の通路に飾って楽しむことにしています。庭が驚くほど華やかになり、バラが咲くまで春の気分を十分味わえます。

通路に飾ったローダンセマム（手前）やラナンキュラス‘ラックス’（奥）、原種系のチューリップ（右）の鉢植え。鉢植えだから自由に飾れて、移動すれば夏越しも簡単。

パンジーやビオラなどは厳選し、鉢で育てている。秋から楽しんだパンジーなどは、4～5月になるといっそう存在感が増し、花壇の中や通路にひと鉢置くだけで庭が華やぐ。

〘春のローメンテナンスな鉢植え〙

春の草花は夏が苦手なため鉢で育て、夏は北側の風通しのよい半日陰に移動させます。控えめに水やりをすると夏越しが比較的簡単。ときどき葉にも水をかけハダニ予防も忘れずに。

クリスマスローズ

秋〜初夏まではひなた、夏は木陰や風通しのよい半日陰に置く。多湿を嫌うので、割り箸などで土の乾き具合をチェックしてから水やりをすると安心。

ローダンセマム

ローダンセマム3種の寄せ植え。愛らしい花は、庭でも生花のアレンジメントでも重宝する。同じ種類の植物の寄せ植えは、管理が同じで手入れがしやすい。

クレマチス‘カートマニージョー’

乾燥に強く多湿が苦手なので、夏の水やりを控えると夏越しが簡単にできる。剪定枝で作ったオベリスクに絡ませると、仕上がりがナチュラル。つり鉢仕立てもおすすめ。

タイム・ロンギカリウス

高鉢にも花壇にもおすすめ。高さ約10cm。高鉢に植えるとしだれるように咲いて豪華。伸びすぎた枝葉の整理が簡単。花壇の手前に植えるとグラウンドカバーに使え、雑草予防にも効果的。

ヒメシャガ

いろいろなところに地下茎を伸ばし広がっていくシャガ。日陰で育つ草丈が低いヒメシャガを鉢植えで育てれば、世話は花がらをとるくらいで、何年もそのまま楽しめる。

〔春の庭仕事〕

春の庭仕事はパンジーなどの花がら摘みから始まり、本格的な春の到来とともに、害虫予防やミモザの強剪定など、作業が少しずつ増えていきます。

3月〜

☑ 花がら摘み

咲き終わったパンジーの茎を手でつまみ、くるっとひねると、簡単に根元からとれる。こまめに取り除いてタネをつけないようにすると、長くたくさん花が楽しめる。

花後、スイセンは花がらのみ根元から整理。葉が黄色く枯れるまでそのままにして球根を太らせる。5月後半、ナメクジの温床にならないように枯れた葉をとる。

3月〜
適宜

☑ 害虫の予防

アブラムシなどの害虫が発生しやすい、パンジーやビオラ、バラ、オダマキ、クジャクアスターなどの草花の足元に、オルトランの粒剤などを適量まいておくと、害虫予防に効果的。

虫食いの葉や変色した葉を見つけたら要チェック!　ガが卵を産みつけたオダマキの葉を取り除き、幼虫も探して捕殺。早めに対処するのが、病気や害虫を広げない大切なポイント。

3月
下旬〜

☑ ミモザ（ギンヨウアカシア）の強剪定

強剪定したミモザの枝葉。左の小枝を落とした長くてまっすぐな枝は支柱に、右の整理した花がらや葉は、乾かして自家製腐葉土作りの材料に。

|アレンジメント|
p38

|自家製腐葉土作り|
p.98〜99

生育旺盛なミモザは、花後、少し葉を残して強剪定。長くてまっすぐな剪定枝は、小枝を落として支柱やオベリスク作りに使い、花がきれいな小枝で春のリースやブーケを作る。

手に入りにくい草花はタネをまいて

タネから草花を育てると、咲いてくれた喜びはひとしおです。でも、すべてタネから育てたら、わが家の小さな庭では置く場所の確保も大変です。そこで、苗が手に入りにくい草花だけ、タネから育てることにしています。4月上旬のソメイヨシノの花が終わるころ、タネまきを開始します。

タネまき後、約1カ月もすると本葉を展開し始めた。しばらくはひなたに置き、乾かないように水をやさしくたっぷりとあたえて。

用意するもの：タネまき用土、土入れ、バケツ、ジフィーポット、穴あきトレイ、タネ。自然に土にもどるジフィーポットの8分目まで用土を入れ、タネまき後、覆土が必要なものには軽めに土をかけ、ジョウロでやさしく水をまく。

伸びたクレマチスのつるの誘引

クレマチスは3〜4月に芽吹き、つるを伸ばし始めます。剪定枝を添えて、少しずつこまめにつるを塀や樹木に導くと、絡ませたい場所に誘引できます。

3〜6月

ステンレスのワイヤーに

‘プリンスチャールズ’と‘ミセス・T・ルンデル’

満開のクレマチス3種。薄紫色は多花性で人気の‘プリンスチャールズ’、赤紫色は‘ミセス・T・ルンデル’、下に咲くのは‘テッセン’。

板塀に渡したステンレスのワイヤーの内側に、挟むようにしてつるをやさしく誘引する。

‘プリンスチャールズ’と‘ニュー・ヘンダーソニー’

ブラックベリーの枝や、塀に渡したステンレスのワイヤーにつるを絡めて咲くクレマチス。薄紫色の花は‘プリンスチャールズ’、濃い紫色の花はわが家の新顔の、花形が個性的な‘ニュー・ヘンダーソニー’。

誘引後。

ビニタイを約7cmに切って使うと、クレマチスの繊細なつるをワイヤーに留めやすい。

約7cmに切ったビニタイをくるくる丸めるようにして、つるをステンレスのワイヤーに固定する。しっかり縛ると、簡単につるが折れてしまうから要注意!

低木に絡ませて

‘エンテル’

薄ピンク色の‘エンテル’が、赤軸アジサイに絡み満開に。ビニタイなどを使わずに低木の枝葉に誘引したので、仕上がりがとってもナチュラル。

ビニタイなどで固定しなくても、近くにある樹木の枝葉につるを絡ませるようにするだけで、咲いてほしい場所に自然に誘引できる。絡ませているのは、赤軸アジサイの枝葉。

トレリスに

‘エレガフミナ’

足元にラズベリーを植えたトレリスに絡んで咲く‘エレガフミナ’。ビニタイの使用は最小限にして、トレリスの穴につるを導いて絡ませた。

‘テッセン’

花壇奥の、白花のバイカウツギとアジサイ‘安行四季咲き’の間に植えた‘テッセン’。つるが自然に樹木の枝に絡み、白と紫色が個性的な花を多数咲かせた。

|アレンジメント|
p41

☑ 原種系のチューリップの整理

4月下旬

5月下旬、枯れた葉を整理し、鉢は雨の当たらない場所に置く。過湿で球根が腐らないように乾燥気味に管理。植えっぱなしで数年そのまま楽しめる。

花後、花茎を取り除く。鉢は引き続きひなたに置き、葉が黄色く枯れるまで水やりをしながら球根を太らせる。写真は原種系のチューリップ・バタリーニ'ブライトジェム'。

|アレンジメント|
p39

☑ パンジーやビオラの整理

5月、徒長し草姿が乱れてきたら、思いきって根元から整理。わさっと器に生け、しばらく室内に飾って楽しむ。写真はビオラ'フルーレット ワンダーランド ラビットブルー'。

植物を買う前に、スマホでチェックしてひと呼吸!

園芸店を訪れると、初めて出合う草花に惹かれ、ついつい衝動買いをしてしまいます。そんな草花を過去に何度も枯らしたことがあり、そのたびに後悔……。最近は衝動買いを抑えるために、スマホで植物の原産地や育て方をチェックします。情報をもとに、庭の環境や植え場所などを考えてから購入することにしています。おかげで、植物を枯らすことがほとんどなくなりました。

☑ キモッコウバラと ハゴロモジャスミンの 花後の強剪定

南側のパーゴラの下の、トレリスに誘引したキモッコウバラとハゴロモジャスミン。花後、花がらが汚く、枝も伸びすぎているため、強剪定し管理をしやすくした。

☑ トキワマンサク ‘ブラックパール’の 花後の強剪定

刈り込みに強く垣根に使われる、生育旺盛なトキワマンサク。下の植物の日当たりをよくするために、花後、強剪定する。コンパクトに仕立てると手入れがラク。

4月
下旬～

草丈が高くなる植物の支柱立て

初夏に咲くペンステモンやジギタリスなど、草丈が高くなる植物を剪定枝で作るオベリスクで支えると、ナチュラルな印象に仕上がります。

1

4本の長い剪定枝を、支えたい植物の周りに均等に深く差し込み、上でクロスさせてビニタイなどで仮固定。高さは植物の最終草丈に合わせて。

2

麻ひもで枝のクロス部分をしっかり縛り、仮固定したビニタイをとる。枝の上部の長さをだいたいそろえて切るときれいに仕上がる。

3

4本の支柱と植物の茎を、麻ひもやビニタイでところどころ留めて完成。ユーカリやローリエなどの生育旺盛な樹木の、まっすぐな剪定枝が支柱向き。

オベリスクを覆うように咲く、満開のペンステモン'ハスカーレッド'。

4月
下旬～

混み合ってきた花壇の整理

4月下旬、花壇のギボウシなどの葉ものが茂り、隣の植物を覆ったり、風通しが悪くなったりしがちです。病気予防のために、混み合った枝葉を整理するのも大切なポイントです。

ギボウシが広がりすぎて、右隣のスキミア‘ルベラ’が隠れてしまっている。スキミアを覆っているギボウシの葉を取り除く。

ギボウシの葉を間引くように整理したら、スキミアの姿があらわれ、風通しがよくなった。

5月
中旬～

多年草の鉢植えの夏越し準備

春や秋に咲く多年草は、一般的に夏の高温多湿が苦手です。花後、順番に枝葉を整理して夏越しの準備を始めていきます。

1

ローダンセマムの茎を約10cm残して切り戻す。

2

中央の重なり合った枝葉を取り除き、風通しをよくする。

3

北側の半日陰、風通しのよい場所に鉢を移動。乾燥気味に管理するが、ときどき葉に水をかけてハダニの予防対策を。クロバスミレも同様に。

ローダンセマム

クロバスミレ

華やかな5月の庭

Rose Garden

ローズガーデン

中央奥は白いつるバラ'スノー グース'、右手前はアプリコットカラーがかわいい、つるバラ'フィリス バイド'。

育てやすい四季咲きのバラ

わが家の小さな庭のバラは、主に四季咲き種です。南側の家の壁面にトレリスを設置して、つるバラを絡ませたり、鉢植えで育てたりしています。子どもたちが幼いころ、家に向かって薬剤をまくことがためらわれ、それ以来、薬剤を使うのをやめました。

そのため、ある程度耐陰性があり、病気に強い強健種ばかり。以前は、他にも多数育てていましたが、環境が少し悪くても育つ強健種にそろえ直しました。最近は、異常気象にも耐えられるように、耐暑性や耐寒性が強いということも条件に加えています。

無農薬なので、どうしても害虫の被害にあったり、病気にかかったりします。でも、周りの草花に被害が及ばなければ、「それはそれで自然」と受け止めています。病気の葉や、チュウレンジハバチの幼虫や卵、アブラムシがついた葉などを、朝の見回りのときに気長に取り除くようにしています。

左から‘ポンポネッラ’、‘シャリマー’、
‘セシル ブルンネ’

つるバラ‘スノー グース’

‘シャリマー’

‘ピンク アイスバーグ’

わが家の四季咲きのバラ

数少ないけれど、厳選した四季咲きの強健種ばかり。おかげで、薬剤をまかなくても、毎年初夏に花を咲かせ、5月の庭を華やかに彩ってくれます。

フィリス バイド

可憐な中輪のつるバラ。始めはコーラルピンク、徐々に色が薄くなる。花が長くもち、満開時は花色のグラデーションが美しい。耐暑性が強く生育旺盛。

スノー グース

モッコウバラのあとに咲く早咲きのつるバラ。生育旺盛で、花つきがよいスプレー咲き。病気や暑さに強く、秋まで返り咲く。ローズヒップがとれる。

セシル ブルンネ

モッコウバラのあとに咲く早咲きのつるバラ。生育旺盛で香りがよく、花つきもよいスプレー咲き。秋まで返り咲きしやすい。思ったより耐陰性が強い。

ポンポネッラ

遅咲きで、樹勢が強いシュラブ樹形。花つきが多いスプレー咲き。大きさは中小輪で、コロンとした姿は愛らしく、病気に強い。半日陰でも成長は順調。

シャリマー

可憐な印象と違い、病気にも暑さにも強い。花つきも多くスプレー咲き。美しさと強さをあわせもつシュラブ樹形のバラ。半日陰の花壇でも成長は順調。

ピンク アイスバーグ

ピンク色のグラデーションが美しい木立性のバラ。スプレー咲きで、秋まで返り咲く。トゲが少なく、扱いやすい。うどんこ病や耐暑性・耐寒性が強い。

〖バラの手入れ〗

バラは病気に強い強健種にほぼかぎって育てていますが、病害虫の被害にあうことも少なくありません。朝の見回りで、早めに病害虫の被害にあった葉を取り除いています。

☑ 害虫の捕殺

枝の切れ込みに産みつけられた卵を発見したら、卵をつまようじでつぶす。食害された葉を見つけたら、葉裏をチェックして幼虫のついた葉を取り除く。

びっしりとアブラムシがついた枝葉はすべて取り除く。少しのアブラムシなら、手袋をしてつぶして捕殺。早めに見つけるのが、被害を広げない大切なポイント。

☑ 花後の剪定

花が終わった四季咲きのバラは、返り咲きを期待して弱剪定することにしている。

つるバラ‘セシル ブルンネ’

春のおすすめ植物

春に咲く草花の多くが夏の高温多湿が苦手です。それでも、毎春顔を見せてくれる、わが家の丈夫で世話がラクな春の多年草や樹木をご紹介します。

ヘレボルス・アウグチフォリウス

草丈約80cm。半日陰の花壇奥を彩る。ライムグリーンのガクは、生花のアレンジメントでも楽しめ、数年、植えっぱなしで大丈夫。

クリスマスローズ（ヘレボルス）

早春の庭に欠かせない花。大株に育つと見事。下向きに咲くので、水に花を浮かべるようにアレンジすることが多い。花後はグラウンドカバーに。

スイセン‘テータテート’

少々の日陰でも花を咲かせ、分球して年々花数が増える。一度植えたら、何年も楽しめる。早春の庭や生花のアレンジメントに欠かせない。

バイモユリ

草丈約50cm。春の到来を告げる花。半日陰でも花を咲かせ、年々分球して花数が増える。そのまま植えっぱなしでよい。

プルモナリア

草丈約20cm。半日陰の花壇手前が適地。春に可憐な花を咲かせ、冬までグラウンドカバーとして庭を彩る。

スイセン‘タリア’

半日陰の花壇でも、香りがよく清楚な花を咲かせる。植えっぱなしでよい。春の庭や生花のアレンジメントで重宝する。

ジューンベリー

自然に樹形が整い手間いらず。春の白花は可憐で、初夏に実をつける。夏にできる赤い実はジャムに。秋の紅葉も美しい。

クロバスミレ

個性的な黒い葉と紫花のコントラストが美しく、こぼれダネで簡単に増える。鉢植えにし、夏は半日陰に置いて夏越しさせ、秋からひなたに移動。

ヒマラヤユキノシタ

年々大株に育つ。葉を広げ横に広がるのでスペースが必要だが、可憐なピンク色の花はわが家の春の定番花。生花のアレンジメントでも楽しめる。

ツバキ‘エリナカスケード’

しだれるように咲く無数の小花は、春の庭にやさしさを添える。常緑で、花後の新葉は赤みを帯びて美しい。小さな実がなる。

シクラメン・コウム

花の少ない早春に、可憐なピンク色の花を一面に咲かせる。半日陰でもよく育ち、こぼれダネで増える。夏は葉がなくなる。生花のアレンジメントにも使える。

クサソテツ

新葉がライムグリーンで美しい。日陰や半日陰の、直射日光が当たらない花壇後方の彩りに重宝する。新芽は「こごみ」と呼ばれ、食用になる。

イレックス‘サニーフォスター’

春の新葉が黄色で美しい花木。成長が遅く、自然に樹形が整う。剪定してコンパクトに仕立てる。生花のアレンジメントやクリスマスの飾りに使える。

ヒメウツギ

刈り込みに強いので、スペースに合わせて仕立てられる。無数に咲く可憐な白花は、春の半日陰の花壇を彩る。生花のアレンジメントで楽しめる。

ラナンキュラス‘ラックス エリス’

年々大株に育つ。種類が豊富で、花色のバリエーションが多い。夏越しできるのが魅力。水揚げがよく、生花のアレンジメントで長く楽しめる。

〘春の楽しみ〙

ミモザの枝でリースやブーケを、パンジーなどを整理しがてら生花のアレンジメントを作ります。
庭で草花を楽しんだあとアレンジメントを作れば、室内でも春を満喫することができます。

ミモザとハナカンザシのリース

クリスマスリースの基本の作り方（119ページ参照）で、ミモザの小枝でリースを作る。最後にハナカンザシの花をグルーガンでバランスよく貼りつけて完成。

使用花材　ミモザ、ハナカンザシ

水が入っていない器に、剪定枝をそのまま飾って楽しむ。逆さにつるさなくてもドライフラワーになり、枝もまっすぐ。花が茶色く色あせたら、細かく刻んで腐葉土作りの材料に。

ビオラのアレンジメント

整理したビオラをキッチンにあるサラダボウルなどに生けて、春を最後まで楽しんでいる。水をかえれば1週間はもつ。その年の色合いによって、アレンジメントもさまざま。

使用花材	ビオラ‘フルーレット ワンダーランド ラビットブルー’、スイセン‘テータテート’、ハナカンザシ、スノーフレーク

チューリップのアレンジメント

晩春、そろそろ散りそうなチューリップや、徒長したパンジーなどを整理し、春のフィナーレを飾るアレンジメントを作っている。その年の花色でアレンジメントの雰囲気が変わるので、それも春の最後の楽しみのひとつ。

使用花材

チューリップ‘バックパッカー’&‘ポールシェラー’、パンジー‘シエルブリエ’(ピンク色と薄紫)、ラナンキュラス‘ラックス アリアドネ’

使用花材　チューリップ‘タイムアウト’&‘バックパッカー’&‘グランドパーフェクション’&‘ポールシェラー’、ラナンキュラス‘ラックス エリス’&‘ムーサ’

使用花材　原種系のチューリップ・バタリーニ‘ブライトジェム’、パンジー‘シエルブリエ’（薄紫）、ビオラ

使用花材　原種系のチューリップ・バタリーニ‘ブライトジェム’、ゲウム‘プリティーコートピーチ’、ローダンセマム‘アプリコットジャム’、ビオラ

使用花材　チューリップ‘カーナバルデリオ’&‘ハッピージェネレーション’&‘アルマーニ’

COLUMN

おすすめの園芸道具

ガーデニングに便利な生活雑貨や、鉢として使えるインテリア雑貨、
また、あると作業がスムーズに進むイチオシの園芸道具など、利用方法とともにご紹介します。

ポリエチレン樹脂のバケツ

やわらかいポリエチレン樹脂のバケツは軽くて運びやすく、土作りや、剪定枝や枯れ葉、道具の持ち運びなどの作業に最適。水を入れて、整理した植物をしばらくつけておくこともできる。大中小あると使い分けができて便利。

軽い鉢・コンテナ

木箱や木製のトラッグなどは、内側に厚手のビニールシートを敷いてステープラーでしっかり固定。鉢底穴用に千枚通しで数カ所穴をあけて使うと長持ちする。

草花を植えた素焼きの鉢は重いが、プラスチックやグラスファイバー製の鉢、木箱なら、軽くて運びやすい。インテリア用のブリキのコンテナの底に、水抜き穴をクギと金づちであけると、簡単に鉢に早変わり。こちらも軽くておしゃれ。

作業がラクになる
イチオシの便利な道具たち

〈固定・剪定・あける〉

左上から時計回りに、シュロ縄（細め）、麻ひも、ビニタイ、剪定用ノコギリ、剪定バサミ（太い枝用）、剪定バサミ（普通用）、クラフトバサミ（アレンジ用）、工作用ハサミ（シュロ縄や麻ひも切り、園芸用土袋の開封用）

〈球根植えつけ・移植・寄せ植え〉

左から、球根植えつけ用穴あけ器、移植用スコップ、土入れ（大、小）

〈移植・穴掘り・土入れ〉

左下から、根切りスコップ、スコップ（中）、スコップ（大）、土入れ用スコップ

手入れと収納

ステンレス製の剪定バサミは、ときどき台所用塩素系漂白剤で消毒し、洗って乾かしたら油をさして手入れをします。特に、病気の草花を整理するときに使った剪定バサミなどは、水洗い後、必ず消毒して使用。ブリキのバケツは重ねると取り出しにくく、水がたまるとさびてしまうので、板塀のフックに掛けて収納しています。取り出しやすく長く使えます。

みずみずしいグリーンが際立つ

Summer Garden

サマーガーデン

5月

5月後半、つるバラ‘スノー グース’（右奥）の白花が満開に。花壇の白やオレンジ色のアルストロメリア、紫色のサルビア・ネモローサが庭を彩る。淡い花色でまとめたので、たくさん開花しても落ち着いた雰囲気に。

鮮やかなアルストロメリアは初夏の庭を彩ってくれる花。花色が豊富で生花のアレンジメントの花材としても大活躍する。

手間いらずの葉ものが中心に

連日の酷暑で庭仕事がおっくうになる夏。水やりや雑草とりだけでもひと仕事なのに、最近の異常気象で、花が多い華やかな庭をきれいに保つのが難しくなってきています。

以前は一年草をたくさん植えた花が多い庭でしたが、季節の草花を引き立てる、丈夫で手間いらずの葉ものの魅力に気づき、緑が多い庭に少しずつ変えてきました。

ギボウシやシモツケ‘ゴールドフレーム’のように、花は地味だけれど花後も葉が楽しめ、庭の環境に合い病害虫にも強く、耐寒性も耐暑性もある植物をたくさん植栽。おかげで、厳しい環境でも枯れずにすんでいます。

バラを含めた花が咲く植物も、病害虫に強い植物に入れかえたので、薬剤散布はほとんどしません。また、一年草を花壇に植えなくなったため、花壇の植えかえ作業も減り、夏のガーデニング作業がずいぶんラクになりました。

緑が多い庭に変化をつけたいときは、開花期の長い一年草などの、季節の寄せ植えを花壇の通路に飾って季節感を出しています。

梅雨明け前に庭の管理を

春から梅雨にかけて、植物の旺盛な成長は驚くほど。

あっという間に南側の庭を緑で覆い、このままにしておくと夏が大変なことになります。

わが家では、梅雨明け前の曇りの日に、春から伸びた枝葉や咲き終わったアジサイの花など、秋の草花の摘芯も兼ねていっきに整理しています。整理後、ルドベキア‘タカオ’のように、草丈が1m以上になる倒れやすい植物に、支柱やオベリスクなどを添え、夏を迎える準備をします。このひと手間が、夏のガーデニング作業をぐっとラクにしてくれる秘訣です！

思いきって枝葉を整理すると風通しがよくなり、植物の病気が防げます。植物が蒸れて枯れることもなく、台風や豪雨でも庭が荒れません。通路も広くなり、夏の水やりがしやすくなります。

また、晩秋に花壇に完熟堆肥を敷き詰めてあるので、雑草が生えにくく、夏の水やりも2〜3日に一度たっぷりあげれば大丈夫。夏は水やりだけでも負担になります。植物の世話を極力減らすことが、夏のガーデニング作業が苦痛にならないコツです。花がら摘みの必要がない、酷暑や乾燥に強い草花を選ぶのも、大切なポイントです。

アジサイが彩る6月の庭

Hydrangea Garden
ハイドランジアガーデン

裏庭西側のアジサイコーナー。左から青色の‘安行四季咲き’、アメリカノリノキ‘アナベル’、赤紫色の‘ディープパープル’、赤いヤマアジサイ‘紅’、‘ピンクアナベル’。

アジサイは手入れがラクな植物

アジサイは初夏のローメンテナンスな植物のひとつです。花後、7月下旬までに花の下、1～2節目の充実したわき芽が出ている上で整理すると、あとはほとんど手がかからずに毎年花を咲かせます。

日本の住宅事情では、庭に半日陰の部分が多くなりますが、アジサイなら、ひなたにも半日陰にも植えられて重宝します。

わが家では、ひなたや明るめの半日陰には西洋アジサイ、木もれ日が差す程度の半日陰にはヤマアジサイを植えています。日差しが少ない半日陰でも、白や青のヤマアジサイの花が彩ってくれます。

アジサイは葉もみずみずしく、夏の庭を涼しく演出してくれます。特に、カシワバアジサイは秋の紅葉が美しく植栽に欠かせません。

また、花が秋色に変化していくのも楽しめます。でも、ずっと花を残しておくと翌年に花が咲かないので、7月下旬まで秋色の花を楽しみ、整理するのがおすすめです。

赤系のアジサイのコーナー(右)や、青色とピンク色のアジサイがコラボする華やかなコーナー(左)など、いろいろな花色の組み合わせが楽しめるのも、多彩なアジサイの魅力。

裏庭の東側、塀沿いのアジサイコーナー。遅咲きのバラ‘ポンポネッラ’とさまざまなアジサイたちが競演する景色はにぎやかで、庭仕事の成果が感じられるうれしいひととき。

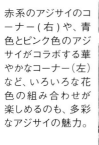

わが家のアジサイ

バラの季節が終わると、庭の主役はアジサイにバトンタッチ。長年アジサイやヤマアジサイを育てていますが、その中でも、丈夫で長く咲き続けてくれている、庭のアジサイたちをご紹介します。

伊豆の紫風《しふう》

安行四季咲き

アナベル

☑ ひなた～半日陰で咲く西洋アジサイ

わが家の庭には、西洋アジサイが約20種あります。庭が狭いので、大株には仕立てられないけれど、庭のあちらこちらで西洋アジサイの花たちが初夏になると顔をのぞかせます。
アメリカノリノキ‘アナベル’やカシワバアジサイの白花が半日陰の花壇を豪華に飾ってくれます。

カシワバアジサイ

赤軸アジサイ

ピンクアナベル

☑ 半日陰で咲くヤマアジサイ

裏庭の塀の内側や、明るい北向きの表庭など、半日陰の花壇にヤマアジサイをたくさん植えています。ヤマアジサイは株元が湿った環境を好みます。コンパクトに仕立てられる‘石鎚の光’や‘土佐の春霞’、エゾアジサイ‘綾’は、ちょっとしたスペースで育てられ、小さな花壇や鉢植えにおすすめです。

紅《くれない》

土佐の春霞《はるがすみ》

日《ひゅう》向《が》青《あお》

綾

黒姫

石鎚《いしづち》の光

＊現在では流通していない品種もあります。

7月

薄緑に変化した‘アナベル’や、エキナセア、アガパンサスが彩る裏庭。緑が多く涼しげだが、このままにすると茂りすぎて夏の世話が大変に。梅雨明け前に庭を整理しておくと、真夏は水やりだけでラク。

8月

ルドベキア‘タカオ’やヘリオプシス、ミソハギなどが咲く8月下旬のメインガーデン。草丈が1m 以上になるルドベキアは、夏前に添えたオベリスクのおかげで台風や豪雨でも姿が乱れなかった。

夏は水やりだけ！ 緑が涼しげな夏花壇

グリーン中心の表庭は、通りに面した北向きの半日陰の花壇。アジサイやギボウシなど、花後も葉が観賞できるものをそろえ、初夏～夏は美しく個性的な緑葉が、秋には紅葉が楽しめるようにしています。そんな葉ものの植栽のポイントをご紹介します。

6月

アジサイやアメリカノリノキ‘アナベル’、ヤマアジサイなどが咲く初夏の表庭。ブルーを基調にして白やピンク色のアジサイをアクセントに。葉ものは、ライムグリーンや紫色、シルバーグリーンなどの個性的で色とりどりの緑を選び、隣り合う植物の葉色が際立つように植栽に変化をつけている。

9月

アジサイの花が終わり華やかさはなくなるが、多彩な葉ものを楽しむ緑のエリアに。春の新芽や紅葉が美しいスモークツリーやヤマボウシ、冬から春につぼみや花が楽しめるスキミア、個性的なリグラリア‘ミッドナイトレディ’、常緑のアイビーやピセア・プンゲンス‘グロボーサ’などを植栽。

塀沿いに樹高の高い西洋アジサイを植え、足元の半日陰にギボウシやプルモナリアなど個性的な葉ものを植栽。スキミアやアイビー、ツワブキ、カレックスなど、常緑の植物を多く植えると冬も寂しくない。

スキミアの葉は常緑で、夏のグラウンドカバーに最適。スキミアの間に斑入りのコンパクトなギボウシを植えてコントラストをつけると、互いを引き立て合い、夏の緑の花壇にメリハリがつく。

夏のローメンテナンスな鉢植え

緑が多い庭なので、初夏や夏の庭のカラーに合わせて鉢植えを作り、季節の花をプラス。初夏はパステルカラーの花に、夏は花壇の主役・ルドベキアの黄色に合わせて、同系色や反対色の鉢植えを飾ってにぎやかに演出しています。

庭のカラーに合わせた寄せ植え

白いペチュニアとセンニチコウに、カレックス'エヴァリロ'をプラスした、白でまとめた涼しげな寄せ植え。黄花が主役の夏の庭に自然になじむ。

黄色の反対色、紫色でまとめた寄せ植え。アンゲロニア'ウェッジウッドブルー'やバーベナ・ボナリエンシスのやさしい紫色をペチュニア'真輝'の深い紫色が引き締める。夏の庭のアクセントに。

黄色のルドベキアと同系色の、多年草のエキナセアの寄せ植えは数年そのまま楽しめる。手前にエキナセアの草丈が低い矮性種を、奥に高い品種を植えて。

初夏

初夏や夏の庭のアクセントになる単植

トリテレイア

数年植えっぱなしで大丈夫な球根植物。初夏に紫色や白の花を咲かせる。花後、葉が黄色く枯れたら整理し、雨の当たらない風通しのよい半日陰に移動し夏越しさせる。生花のアレンジメントでも楽しめる。

初夏

矮性のアルストロメリア

草丈40〜60㎝、矮性タイプのアルストロメリア‘ホワイトスター’と‘ピンクルージュ’は鉢植え向き。数年そのまま楽しめる。同じ種類を寄せ植えにしたので、管理も同じで世話がラク。生花のアレンジメントもおすすめ。

初夏

ペンステモン

草丈20～40㎝のペンステモン‘サンバーストピンク’は鉢植え向き。夏は雨の当たらない、北側の風通しのよい半日陰に移動し乾かし気味に管理し、秋からひなたに。数年そのまま楽しめる。

夏

ヘリオプシス

鮮やかな花色で、夏の日差しに負けず咲き続けるヘリオプシス‘ブリーディングハート’。春に弱剪定してコンパクトに仕立てる。多花性で、6～10月と開花期が長く、生花のアレンジメントで楽しめる。

夏

ユーコミス

パイナップルに似た個性的な花穂で、別名パイナップルリリーとも呼ばれる。数年植えっぱなしでよく咲く球根植物で、小型種～大型種と種類が豊富。白いユーコミスは、夏の庭を涼しげに彩ってくれる。

花色豊かなクレマチス

クレマチスは、種類が豊富で多彩です。秋の剪定に悩まないように、わが家の裏庭のクレマチスは新旧両枝咲きか新枝咲きに統一し、秋に強剪定。剪定を同じタイプにそろえる工夫をしています。

開花期が重なった、遅咲きのクレマチス‘エンテル’と赤軸アジサイの競演。春先から伸びてきたつるを、アジサイの枝に絡むように導いておくと、自然にアジサイに絡んで咲いているように仕立てられる。

テッセン

四季咲き種の新旧両枝咲き。クレマチスの定番花。和風にも洋風の庭にも合う。花びらが白、花芯が紫色とコントラストが強く、壁面のアクセントになる。

エンテル

新枝咲きの強健種。つるの長さは2〜3m。多花性の桜のような淡いピンク色の花が愛らしい。生花のアレンジメントで楽しめる。

プリンスチャールズ

四季咲き種の新旧両枝咲きで多花性。淡いブルーの花が魅力的。狭いスペースなら秋に強剪定、広いスペースなら弱剪定し、スペースに合わせて仕立てる。

エレガフミナ

四季咲き種の新枝咲き。濃い紫色の優雅な花が印象的。つるの長さは1〜2m。生花のアレンジメントで楽しめる。

踊場

四季咲き種の新枝咲きで多花性。つるの長さは3〜4mで広いスペース向き。つるバラとトレリスに絡ませるとすてき。生花のアレンジメントで楽しめる。

本格的な暑さの前にすませたい 庭仕事

夏の準備は梅雨明け前の曇りの日が最適です！　春から伸びた枝葉や咲き終わった花がらなどを整理し、台風にそなえて支柱を添えたり、植物の性質に合った環境に鉢を移動したり。少し手間はかかりますが管理ポイントを押さえておけば、植物が枯れることもなく、夏のガーデニング作業がラクになります。

☑ 花後の剪定

ヤマアジサイ‘紅’の花後の剪定。アジサイと同じように、咲き終わった花の下、1～2節目の充実したわき芽が出ている上で剪定するのがポイント。

☑ 隣り合う枝葉の整理

南側の塀沿いの半日陰の花壇も、夏前に衣がえ。春から成長した枝葉が隣の植物を覆い、このままにしておくと、枯れたり、病気になりがち。夏前に、重なる枝葉を整理し風通しをよくすると、病気が防げ、暑苦しい夏も庭はすっきり。

オベリスク作り

草丈が1m以上になる植物の周囲に、長い剪定枝を4本差し込み、先端を麻ひもで縛る。支えのオベリスクの高さは、植物の草丈に合わせて。数箇所、麻ひもでオベリスクに茎を固定しておくと完璧。台風や豪雨が来ても慌てる必要がない。

草丈が高いルドベキア‘タカオ’やヘリオプシスを、剪定枝のオベリスクで支えると、庭のフォーカルポイントにもなる。

秋の花の摘芯

秋に開花するメキシカンセージやユーパトリウム‘チョコレート’などを、地面から高さ30cmくらい残して整理。摘芯すると、わき芽が出て花数が増える。草丈も低く抑えられるので、強風が吹いても倒れにくい。

ユーパトリウム
‘チョコレート’

メキシカンセージ

☑ 支柱で植物を支えておく

最近の異常気象にそなえて倒れやすい植物を支えておくと、台風や豪雨で無残に折れたり倒れたりしないから安心です。庭が美しく保て、夏のガーデニング作業の負担も激減!

1

ラン用の支柱

簡単に曲げられるラン用の支柱をU字形にして、植物の周りに数本差し込み、倒れやすい植物を根元から支える。

2

イギリス製の支柱

イギリスで購入した支柱。もともと曲がっているので、そのまま植物の株元に差し込んで植物を支える。

3

トンネル用フラット線の支柱

野菜栽培用の長いフラット線も曲げやすい。ほかの支柱のように曲げて、草丈の高い植物を支える。

☑ 暑さや直射日光が苦手な鉢植えの夏越し

北側の風通しのよい半日陰に

夏の暑さや多湿が苦手なローダンセやガーデンシクラメンは鉢植えにして、雨が当たらず、風通しのよい北側の半日陰に移動して夏越しさせる。初夏に挿し木をしたアジサイも一緒に避難。秋に南側のひなたに戻す。

木陰に

夏の暑さが苦手なクリスマスローズや、直射日光で葉やけしやすいモミジやギボウシなどの鉢植えの植物を、ローリエやミモザ（ギンヨウアカシア）などの木の下に移動。夏の間、緑葉が木陰を彩る。

☑ 花壇の一部が寂しいとき

庭の整理をしたあと、寂しくなった場所に葉色が美しい鉢植えを置くと、簡単に庭を彩ることができアクセントにもなる。丈夫で生育旺盛な紫葉のオキザリス‘トリアングラリス’。

☑ アジサイの剪定

花後〜
7月下旬

花後、7月下旬までに剪定します。通常、花の下、1〜2節目の充実したわき芽が出ている上で剪定しますが、樹高が高くなったものは3〜4節目で剪定しています。

左奥の薄ピンク色は‘コットンキャンディー’、その右の青色は‘エンドレスサマー’、手前の青色は‘ペニーマック’。土の酸性度によって花色が変化するものもあるので、それもアジサイの楽しみのひとつ。

秋色のきれいな花のみ数個残して剪定。長く楽しんでいると翌年その枝には花が期待できないので、7月下旬には整理する。

アジサイの樹高によって剪定箇所を変える。低いものは花の下、1〜2節目で、高いものは3〜4節目で。

7月半ば、強い日差しで花が枯れたものや、色が汚くなったものが出てきた。そろそろ剪定どき。

夏のおすすめ植物【初夏編】

初夏のバラやクレマチス、アジサイたちを引き立ててくれる、わが家の初夏の樹木や草花。
毎年顔を見せてくれ、育てやすく丈夫だからおすすめです。

カンパニュラ'アルペンブルー'

草丈15〜30㎝。星形のピンクや白、青の小花が半日陰の花壇手前を彩る。グラウンドカバーに最適。

アガパンサス

種類が豊富で、初夏の庭に欠かせない。矮性種は花壇手前に、大型種は花壇奥に植える。水やりが少なくてすみ、生花のアレンジメントにしても。

コバノズイナ

半日陰〜ひなたの花壇を彩る低木で、白く長い花穂は魅力的。生育旺盛で地下茎を伸ばして増え、紅葉が美しい。生花のアレンジメントで楽しめる。

ホタルブクロ

半日陰を彩る和風の花は可憐。地下茎でどんどん増えるので、ときどき整理が必要。生花のアレンジメントで楽しめる。

エキナセア

初夏〜夏のひなたの花壇の定番花。自然降雨で育つ。矮性種もあり、花色や形もバリエーションが豊富。花後、黒い花芯が残ってドライフラワーになる。

リシマキア'ミッドナイトサン'

チョコレート色の葉が個性的。草丈約10㎝。横にどんどん広がり、初夏のひなた〜半日陰の花壇手前を無数の星形の黄花が彩る。

モナルダ

ひなた〜半日陰の花壇を彩る。種類が豊富で、草丈、色、形ともに多彩。香りがよく、ポプリやドライフラワーでも楽しめる。秋に地際で整理する。

ジギタリス‘ベリーカナリー’

耐暑性が強いので多年草として扱える。初夏のバラの時期に欠かせない。開花期が6〜11月と長期間楽しめ、生花のアレンジメントにもできる。

ペンステモン‘ハスカーレッド’

高温多湿の京都でも、半日陰で夏越しできる丈夫なペンステモン。白い花穂は、初夏の花壇のフォーカルポイントに。生花のアレンジメントで楽しめる。

スタキス・モニエリ

草丈30〜40㎝。ひなたから半日陰の花壇を彩る。植えっぱなしで大株に育ち、グラウンドカバーに使える。生花のアレンジメントで楽しめる。

ペンステモン‘ジングルベル’

ペンステモンの中でも、高温多湿に強い。赤い花穂は個性的で植栽に変化を与える。秋に地際で整理。

オルレア

草丈約50㎝。ナチュラルガーデンやバラを引き立てる初夏の庭に欠かせない一年草。こぼれダネで簡単に増え、生花のアレンジメントで楽しめる。

シモツケ‘ゴールドフレーム’

春のオレンジ色の新芽と秋の赤く紅葉した葉が美しい低木。夏のライムグリーンの葉も涼しげ。刈り込みに強く、初夏にピンク色の花が咲く。

ミヤコワスレ

ひなた〜半日陰を彩る。草丈20〜30㎝で、花壇の手前や中央が植栽の適地。生花のアレンジメントで楽しめる。

オダマキ

ひなた〜半日陰を彩る。和風の庭にも洋風の庭にも合う。種類が豊富で、草丈、色、形ともに多彩。こぼれダネで簡単に増える。

キャットミント‘ウォーカーズロウ’

ひなた〜半日陰を彩る。従来種より草丈約40㎝と低く、倒れにくい。ハーブの中でも、高温多湿に強く開花期が長い。生花のアレンジメントで楽しめる。

バイカウツギ

ひなた〜半日陰の花壇後方向き。初夏に白い香りのいい花を咲かせる落葉低木。花後に剪定する。生花のアレンジメントで楽しめる。

アカンサス・モリス

草丈120〜150㎝。半日陰〜明るい日陰の花壇の奥を彩る。迫力のある花穂は植栽に変化を与える。トゲに要注意。

イワミツバ

草丈20〜40㎝。斑入りの葉が茂り半日陰の花壇が明るくなる。初夏にセリに似た白い花が咲く。雑草予防やグラウンドカバーに使える。

ゲラニウム‘ダルマティクム’

草丈約20㎝。花壇手前が適地。雑草予防やグラウンドカバーに使える。こぼれダネや地下茎でどんどん増える。寒さに当たると葉が赤くなり見事。

アマリリス‘ガーデンオーケストラ’

草丈約40㎝。ひなた〜半日陰の花壇に植えっぱなしで毎年咲く球根植物。球根が分球し、少しずつ増える。花壇に植えると、華やかで目を引く。

夏のガーデニングがラクになるアドバイス ①

炎天下での除草作業は避けたいものです。
そこで先を見越して、雑草が生えない工夫をしています。

雑草予防に匍匐《ほふく》性のアジュガを

春の紫花が魅力的なアジュガは、雑草予防に最適。あっという間に隙間なく地面を覆い、広がりすぎても整理しやすいのが利点。簡単に抜け、花壇のあいたスペースに植えるとすぐに根づく。

夏のおすすめ植物【盛夏編】

最近の異常な暑さにも平気で、夏じゅう楽しませてくれるわが家の樹木、花や葉もの。天気によりますが、2～3日に一度、たっぷり水やりするだけで暑い夏を越してくれます。

フウチソウ

草丈約30cm。春～晩秋まで、ひなた～半日陰の花壇を彩る。種類が豊富で葉色も多彩。グラウンドカバーに使える。風に揺れる姿は魅力的。

ニンジンボク

樹高2～3m になる花木。晩秋に強剪定してコンパクトに仕立てる。開花期は7～9月、紫色や白の花は涼しげ。

ギボウシ

葉の色や形、大きさ、初夏に咲く花色など種類が豊富で多彩。日陰や半日陰を涼しげに彩る夏の代表的な葉もの。

ルドベキア‘タカオ’

春に弱剪定して草丈約1m、コンパクトに仕立てる。剪定枝でオベリスクを作り支える。夏～秋と開花期が長く、こぼれダネで増える。生花のアレンジメントで楽しめる。

ルドベキア‘リトルスージー’

草丈約40cm のコンパクトサイズ。6 ～9月と開花期が長く花数も多い。ひなたの花壇中央が適地。生花のアレンジメントで楽しめる。

ヒューケラ

常緑性が高く、半日陰の花壇を彩る。初夏に花が咲く。葉色が多彩で、庭のアクセントに最適。鉢植えで、花壇の寂しい箇所に移動させて飾ると効果的。

ミソハギ

草丈が1mを超えるので、剪定枝でオベリスクを作り支える。ひなたの花壇奥が適地で、地下茎で増える。生花のアレンジメントで楽しめる。

矮性ガウラ

草丈約30cmとコンパクト。春～秋と開花期が長く、次々と開花する。ひなたの花壇手前が適地。風に揺れる姿は趣がある。生花のアレンジメントで楽しめる。

オキザリス・トリアングラリス

草丈約30cm。ひなた～半日陰の花壇手前が適地。紫葉が植栽のアクセントに。どんどん増えるので、鉢植えにして花壇に飾るのがおすすめ。

リグラリア‘ミッドナイトレディ’

草丈約50cm。ダークグリーンの葉は、半日陰の花壇のアクセントにぴったり。夏に黄色の花が咲く。

カラジウム

観葉植物として人気。夏に明るい日陰に植えると、植栽に変化を与え、トロピカルな雰囲気に。秋に掘り上げる。

ランタナ‘メガドーム’

草丈約40cm。初夏～晩秋までと開花期が長い。黄色からピンク色へ花色が変わりながら次々と咲く。生花のアレンジメントで楽しめる。

ツルマサキ

刈り込みに強いので、約20cmの高さに保っている。ひなた～半日陰の花壇手前が適地。グラウンドカバーに使える。斑入りの葉が植栽に変化を与える。

ピセア・プンゲンス‘グロボーサ’

樹高約1m。成長が遅く横に広がりやすい。青緑色の新葉が美しく、ひなた～半日陰の植栽に変化を与える。クリスマスの飾りに使える。

ツデー

草丈約30cm。観葉植物として育てられているが、鉢植えにして軒下に置くと、屋外でも冬を越す。ライムグリーンの葉色が美しい。

夏のガーデニングがラクになるアドバイス ②

水やりの道具など、私の長いガーデニングライフから生まれた、夏の庭仕事をぐっとラクにする道具や工夫をご紹介します。

水やりの道具を選ぶ

取り回しがラクな直径13㎜のホースに、手元の止水栓で水量調節ができる、柄が長いタイプの散水ノズルがおすすめ。ハス口はジョウロタイプの、やさしくたくさん水をまけるものが最適。つり鉢にも植物の根元にも水やりが簡単にでき、腰に負担がかからない。

晩秋、完熟堆肥を花壇に敷き詰める

園芸シーズンの終わりに、花壇に完熟堆肥を5㎝の厚さに敷き詰めておくと、雑草が生えにくくなる。植物の防寒にもなり、そのうえ、土の水分の蒸散量が減るから、夏の水やりの回数も減る。

〘夏の楽しみ〙

梅雨明け前の曇りの日に、初夏の庭の整理をします。剪定したアジサイや整理した花で生花のアレンジメントを作ると、フレッシュな花色をまだまだ室内で楽しむことができます。

アジサイの生花のアレンジメント

整理したアルストロメリアなどと一緒に、アジサイを洋風のブリキの器に生けた(上)。アンティークカラーに変化したアジサイは、まとめて和風のかごに(右下)。選ぶ器で花の表情が変わるので、楽しみがつきない。

ゲッケイジュのブーケ

長い剪定枝を植物の支柱に使ったり、束ねてブーケにして飾ったり。もちろん料理にも。

アジサイの剪定枝を使ったリース

用意するもの

剪定したアジサイ、ヒメツルニチニチソウ、クラフトバサミ、ピンセット、市販のオアシスのリース台、白い皿

1

オアシスに水をしっかり含ませ、ピンセットを使って、小分けにしたアジサイを色のバランスよく全体に差し込む。

2

アジサイの隙間に、ヒメツルニチニチソウのつるを差し込み、内から外に、外から内に、回すように絡めて飾ると完成。

センニチコウのアレンジメント

夏の間、花壇や鉢植えを彩るセンニチコウ。乾燥しても花色を長く保つのでドライフラワー向き。フレッシュのまま、市販のビーディングワイヤー28番に通し、飾る器の大きさに合わせて輪を作る。ワインボトルなど、いろいろな器に飾って。

夏花のアレンジメント

整理した夏の花、アンゲロニアやフジバカマ、ローズマリーを使って生花のアレンジメントを制作。涼し気な色合いで、室内をさわやかに演出。

COLUMN

庭の恵みを味わう

夏の楽しみのひとつに、果実やコンテナ菜園の夏野菜の収穫があります。
自分で育てた果実や野菜の味は格別！　無農薬で育てているから、
毎朝、害虫を手で捕殺したり、ネットで覆って鳥からの食害を防いでいます。

ベリーの収穫

耐暑性も耐寒性も強いブラックベリーは、トゲもなく、丈夫で育てやすい。わが家では、裏庭の東側の塀にステンレスのワイヤーを渡して誘引して育てている。初夏には、薄ピンク色の花が咲き、順次収穫できる。

ブラックベリーやブルーベリーのほかにラズベリーやマルベリーも育てている。生で食べたり、冷凍してジャムにしたり。すべて合わせてベリーベリージャムを作るのも恒例。

5年前、リビングから収穫できる位置に移動して、後方にできた実も、簡単に収穫できるようになったブルーベリー。春に白い小花が無数に開花する。夏の暑さが厳しい地域ではラビットアイ系がおすすめ。病気に強く害虫もほとんどいない。

トマトの収穫

ミニトマトは、つり鉢やコンテナでたくさん収穫できる。乾燥しやすいつり鉢は毎日の水やりが必要だが、トマトが甘くなり、スペースの有効利用になる。たわわに実ったミニトマトの姿は花があふれて咲いているよう。

バジルの収穫

バジルは虫よけにネットを張って育てている。ネットを内側から押すくらい育ったら、たっぷり収穫して料理に利用。生育旺盛なので、夏じゅう何度も収穫できる。

わが家の夏の定番パスタ。好みの量のアンチョビやガーリック、半分に切ったミニトマトを入れて炒め、ゆでたパスタを加え、お好みの量の塩とコショウで味つけ。最後にバジルを入れて完成。

秋の花や紅葉が美しい

Autumn Garden

オータムガーデン

11月中旬の秋の庭。寒さにあたり色濃くなった秋の花が、ガーデニングシーズンの最後を彩ってくれる。右はメキシカンセージ、中央手前はコレオプシス、左奥はパイナップルセージ。

寒さが訪れる前に翌春の準備を

園芸シーズンの終わりが近づく秋。秋の草花を楽しみながら、翌春のための園芸作業を少しずつでも着々と進めるのがポイントです。

秋の作業を大きく分けると2つ。ひとつは夏から秋の花壇や鉢植えの草花の整理。そして、新しく手に入れた植物の植えつけや、ひと回り大きな鉢への植えかえ、株分け、移植など。秋にやっておくと、翌年の植物の成長に差が出たり、作業がラクになります。

また、秋早めの10月初旬から植えかえなどの作業を始めると、寒くなる前に植物がしっかり根を張り、冬の寒さに耐えられるようになります。

もうひとつは、春や初夏の庭づくりの準備。球根植物の仕込みや寄せ植え作りなども、この時期に行います。

草花の整理後に出た剪定枝は、アレンジメントや腐葉土作りの材料に使うことができます。自家製腐葉土作りはわが家の秋の作業のひとつとなっていて、時間はかかりますが、秋に作っておけば春の植えつけ、植えかえシーズンに使えるようになるのでおすすめです。

秋の園芸作業はたくさんありますが、暖かいうちにやっておけば、寒い冬の作業が減り、春の庭もきれいです。

世話がラクな葉もの中心の表庭にも、本格的な秋の到来。スモークツリーやカシワバアジサイが紅葉し、ギボウシやフウチソウ、アジサイの葉は茶色く変化し、それぞれの秋の姿を楽しませてくれる。

紅葉がきれいな おすすめ植物

植物の葉が赤や黄に色づくと、深まっていく秋を感じます。紅葉が美しくて育てやすい、わが家の植物をご紹介します。

ギボウシ

スモークツリー

カシワバアジサイ

ブルーベリー

フウチソウ、コバノズイナ

シモツケ‘ゴールドフレーム’

11月下旬、右奥はブルーベリー。葉色が変化する植物が多いと、秋はきれいだが冬がくると庭が寂しくなるので、紅葉する植物は常緑の植物の間に点在するように植栽。常緑の緑葉が色鮮やかな紅葉を引き立てる。

秋の庭仕事

秋の庭仕事は翌年の美しい庭をつくるための大切な準備作業。枯れ葉の整理や草花の植えかえ、春の庭づくりに欠かせない球根植物の植えつけなど、わが家の秋の庭仕事をご紹介します。

☑ 一年草・多年草の整理

夏や秋に咲いた一年草や多年草で、花が終わったものから順に整理します。センニチコウなどはクラフト用に収穫。整理した枝葉は、細かく刻んで乾燥させ、腐葉土作りの材料にするとムダがありません。

多年草

10〜11月

ヤブラン

花後の穂のみ整理。葉は冬の彩りとして残し、早春に地際から整理。初夏には、きれいな新葉が出そろう。

ヘリオプシス

ヘリオプシスやルドベキア'タカオ'、ユーパトリウムなどの多年草は、地際から約10cm残して整理。

メキシカンセージ

花後、新しく出た新枝はそのまま残し、花が終わった古い枝葉のみ、地際から約10cm残して整理。

一年草（センニチコウ）

10〜11月

用意するもの

センニチコウの鉢植え、バケツ、手袋、剪定バサミ、水を入れた器

1　センニチコウの花を収穫して器に生けて楽しむ。その後、逆さにつるしてドライフラワーにする。

2　残った枝葉を整理し、細かく刻んで乾燥させ、腐葉土作りの材料に。

3　残った根鉢を鉢から取り出し、ふるいにかけて、根と土に分ける。

4　左側の取り除いた根は生ゴミとして捨て、ふるった土は腐葉土作り（98〜99ページ参照）に利用。

5　キッチンネットに入れた回収した鉢底石（81ページ参照）は、そのまま洗い、乾かして再利用。

発泡ポリエチレンの風呂マットを敷いて作業すると、鉢が傷つかず、後片づけが簡単。

☑ 剪定

アメリカノリノキ‘アナベル’は、春に新しく出た枝先に花芽をつけるので、イングリッシュガーデンのように茶色く枯れた花を冬じゅう残し、翌春の芽吹きまでに剪定すれば長く楽しめます。また、仕立て方によって翌年の花の大きさが違うので、好みの仕立て方が選べます。

10月〜
2月下旬

アメリカノリノキ‘アナベル’の鉢植え

花を大きく仕立てたい場合

翌年、花が大きく見事に咲くが、枝が倒れやすいのが難点。支柱を添えるなど工夫を。

**地面から
高さ10〜20㎝で剪定**

花を小さく仕立てたい場合

翌年咲く花が小さいので、豪華さに少々欠けるが、枝が倒れにくく花数が多いのが利点。

**地面から
高さ約50㎝で剪定**

10〜11月

クレマチス

剪定を間違えると翌年花が咲かないことがあるクレマチス。旧枝・新枝・新旧両枝咲きの3種類あるので、わが家では剪定に悩まないように新枝咲きか新旧両枝咲きに統一(表庭のモンタナを除く)。地際で整理しても、必ず花が咲く。

クレマチス‘エンテル’(新枝咲き)

多年草や低木の植えかえ・株分け

10月は新しい苗の植えつけや、根が回った鉢植えのひと回り大きな鉢への植えかえ、株分けの適期です。また、寄せ植えの夏～秋の一年草を整理し、耐寒性のあるものに入れかえて、冬を迎える準備を始めます。

10月初旬～

株分け

鉢の形に根が回ったガウラ。風呂マットの上で、鉢を横にし、周りを手でたたいて引っ張ると簡単に鉢から抜ける。根鉢を軽くほぐし、根切りスコップで株分けするとラク。

ひと回り大きな鉢に植えかえ

水やりしてもすぐに乾燥する鉢植えは、根詰まりのサイン。根が回った鉢植えのランタナを、ひと回り大きな鉢に植えかえた。

身近なグッズで作業をラクに！ エコに！

園芸用ではないけれど、身近なもので使いがってがよく代用できるものがあります。そのうえ何度も使えるエコなアイディアもご紹介します。

キッチンネット

キッチンネットに鉢底石や細かくした軽い発泡スチロール片を入れて使うと、鉢植えを整理するときに便利。土と分けやすく、そのまま洗って乾燥させれば再利用できる。

発泡ポリエチレンの風呂マット

使わなくなった風呂マットの上で作業をすると、鉢や下の通路を傷つけず、片づけも簡単。特に、ベランダでの庭仕事にはおすすめ。風呂マットを敷くと、暖かく膝も痛くならない。

寄せ植えの一部を植えかえ

後ろに常緑のスキミア、手前に季節の草花を植えた手間いらずの寄せ植え。夏のインパチェンスを抜き、土作りをしてからチェッカーベリーなどを植えて衣がえ。

☑ 庭の一部を植えかえ

10月
初旬～

大株に育った中央のカレックス‘スパークラー’を掘り起こし、株分けして移植。同時に、周りの植物も少し配置がえ。たまには植物を移動させて庭のデザインを変えると新鮮。

新しく手に入れた、赤い実がなるスキミア‘ファイチー’（雌）の苗を用意。

カレックス‘スパークラー’を抜いた場所の根などを取り除き、腐葉土や化成肥料などをすき込み土作り。

整理後・
3月初旬

受粉して赤い実がなるように、スキミア‘ファイチー’（雌）を、‘ルベラ’（雄、右白、左赤）の間に植栽。

根切りスコップを使って株分けし、アジサイの足元に引っ越したカレックス‘スパークラー’。

秋から冬も収穫を楽しむ

3つの大きなコンテナで手間いらずの常備野菜を育てています。
どれも成長が早く長期間楽しめる野菜ばかり。必要なときに収穫できて便利です。
自家製だから無農薬でおいしく、とれたての野菜は新鮮です。

ニラとミツバのロングライフコンテナ

ニラは炒め物用に、ミツバは薬味用に栽培。多年草で数年同じ鉢で育てられる便利野菜。ときどき化成肥料を適量与える。冬には葉がなくなる。

サラダ用コンテナ

ルッコラやレタス、スイスチャード、ミズナなどのサラダ用野菜を植えたコンテナ。寒い季節は害虫がいないので、虫食いのない葉がうれしい。

薬味用コンテナ

スーパーで買ってきたネギの根の部分、約5cmをそのまま植えて、薬味用にネギを育てている。次々と生えてきて、初夏まで収穫できる。

大きく育ったら収穫して食卓に。冬の野菜の成長はゆっくりだが順次収穫できる。特にミズナは冬じゅうよく成長する。

☑ 球根の植えつけ

春の準備に欠かせない球根の植えつけ。8月くらいに園芸雑誌や通販カタログ、ネット通販などで球根を選びます。遅くなると、お目当ての球根が手に入りにくくなるので、早めの注文がおすすめ。青木流の球根の植えつけ方をご紹介します。

チューリップ❶
ランダムに植える

長い間園芸をしていると、たまには、ランダムに球根を植えてみるのも楽しい。全体の色合わせや開花期はそろえてあるので、どの子がどこにあらわれるか、あとは咲いてからのお楽しみ！　さて、結果は？

11～12月

ランダムに球根を植えた「花遊び」で、春に咲いたチューリップたち。意外な色の組み合わせなど新しい発見もある。

用意するもの

チューリップの球根各種、培養土、化成肥料、箱、球根穴あけ器、手袋

1 球根を袋から出して箱に入れ、やさしく混ぜる。

2 球根穴あけ器を使って土に穴をあける。

3 球根の上下を確認してから植えつける。

4 培養土をかぶせ、化成肥料を適量置いて植えつけ作業完了。

チューリップ❷ 色別に植える

色別・種類ごとに分けて植えるスタンダードな植え方。はじめに、ラベルをつけたままの球根の袋を、植える場所に仮に配置。色の組み合わせや咲く様子のイメージが決まったら、球根を植えつける。

チューリップ③

鉢に植える

チューリップの球根は鉢にも植えつけます。鉢植えなので移動がラクで、庭に飾るといっきに春の庭が華やぎます。山に近いわが家の庭では猿に球根を食べられることがあるため、室内に取り込んで避難させることもできます。

2年目の原種系チューリップ'アニカ'の鉢植え。植えっぱなしでも大丈夫な球根植物の鉢植えを作っておくと、数年そのまま楽しめ、分球して年々豪華になる。

● 原種系チューリップ'アニカ'の鉢植えの作り方

用意するもの

原種系チューリップ'アニカ'の球根、鉢底石、鉢、培養土、手袋、スコップ

1

キッチンネットに入れた鉢底石を、鉢底に置く。

2

培養土を入れ、球根の上下を確認してから植えつける。培養土をかぶせ植えつけ作業完了。

鉢植えがおすすめの秋植え球根

秋に植えつけると春に顔をのぞかせ、夏越し後、秋になってから鉢をひなたに出せば、翌春も立派な花を咲かせてくれる。そんなサイクルで数年楽しめる秋植えの球根植物をご紹介します。

スイセン

ひなたを好むスイセン。分球して少しずつ花数が増える。花後は花がらを整理し肥料をあたえて、そのままひなたに置く。葉が黄色く枯れるまでそのままにして球根を太らせる。

アイフェイオン

ひなた〜半日陰の花壇で、どんどん分球して増えるが、増えすぎるので鉢植えがおすすめ。数年は植えっぱなしで大丈夫。密になりすぎたら、株分けする。

原種系チューリップ‘ホンキートンク’

原種系チューリップ‘ホンキートンク’は数年、鉢植えでOK。年々分球して豪華になる。初夏までひなた、葉が枯れたら取り除き、乾燥ぎみに管理して夏越しさせる。過湿にすると球根が腐ってしまうので要注意!

ヒヤシンス

毎年香りのよい花を咲かせる。ひなたの鉢植えや花壇だけでなく、水耕栽培でも楽しめる。育て方はスイセンと同じ。春の生花のアレンジメントにおすすめ。

原種系チューリップ‘リトルビューティー’

花びらが濃いピンク色で、中心部が紫色の個性的な原種系チューリップ。育て方は、‘ホンキートンク’(上)と同じ。

小球根を花壇に植える

10〜11月

用意するもの

原種系チューリップ・バタリーニ'ブライトジェム'の球根、鉢、キッチンネット、培養土、球根穴あけ器、スコップ、化成肥料、手袋

1 鉢に、キッチンネット、培養土、化成肥料、培養土の順に入れる。

2 球根穴あけ器で穴をあけて球根を置き、培養土をかぶせて鉢植えを作る。

3 花壇に鉢の大きさの穴を掘り、鉢ごと入れる。

4 その上からさらに培養土をかぶせる。鉢の縁が少し見えるように埋めると位置がわかりやすい。

4月下旬の花壇。原種系チューリップ・バタリーニ'ブライトジェム'の鉢を花壇に埋めると、うっかり球根を掘り上げることもなく、他の球根とも混ざらない。場所を移動するときもラク。

初夏に咲く球根を植える

9〜11月

用意するもの

球根類（アリウム、カマッシアなど）、鉢、培養土、化成肥料、手袋、剪定バサミ、スコップ（大中）

1 植える場所の植物を掘り起こし、鉢に移す。その際、根が深ければ剪定バサミで切る。

2 根などを取り除き、化成肥料や培養土などを加え土作り。

3 植える球根植物の、それぞれの草丈を考えて球根を配置する。

4 球根穴あけ器で穴をあけ、球根を適正な深さになるように置く。

5 培養土をかぶせ、適量の化成肥料を置いて植えつけ完了。

5月上旬の庭。秋に植えつけたアリウム'パープルレイン'が開花。

〘秋に作って初夏まで楽しめる寄せ植え〙

晩秋にパンジーとビオラ、チューリップの球根を一緒に植えつけた寄せ植えを作ります。花の少ない冬にはパンジーとビオラが庭を彩り、春になりチューリップが開花すると、さらに豪華な寄せ植えになります。

ビオラとチューリップの寄せ植え❶

11～12月

チューリップの球根を花壇に植えず、ビオラと寄せ植えにした鉢を通路に飾る楽しみ方。同じ寄せ植えを2つ作って飾ると、豪華で統一感が出る。また、春は新芽の緑が多い庭なので、寄せ植えを華やかな配色にするとアクセントになる。

用意するもの

鉢、各種チューリップの球根、ビオラの苗、発泡スチロール片、化成肥料、スコップ、土入れ、手袋、培養土（赤玉土、腐葉土、パーライト）

1　鉢底に、小さくした発泡スチロール片を入れたキッチンネットを置く。

2　赤玉土6:腐葉土3:パーライト1の割合の土をよく混ぜ、鉢に入れる。

3　鉢土の上に、適量の化成肥料を置く。

4　3の上に土を入れ、チューリップの球根の上下を確認して並べる。

5　球根の上に、土をかぶせる。

6　5の上にビオラの苗を植える。

7　ウオータースペースを残して、ビオラの隙間に土入れで土を入れる。

3月中旬、大きく育ったビオラの間からチューリップの葉が顔を出し、4月上旬、チューリップが開花し始めた。ビオラの配色を鉢の色に合わせシックなものを選ぶとチューリップの花色が引き立つ。

ビオラとチューリップの寄せ植え 2

芽吹いたばかりの葉ものが多くまだ寂しい春の庭に、華やかな配色のビオラとチューリップの寄せ植えを飾って。庭が華やぎ春の訪れが満喫できる。

用意するもの

各種チューリップの球根、ビオラの苗、鉢、鉢底石、培養土、腐葉土、化成肥料

1

鉢の底に、キッチンネットに入れた鉢底石を置く。

2

培養土と腐葉土を混ぜた土を入れ、化成肥料を適量置き、再度土をかぶせる。その上にビオラの苗を手前に、チューリップの球根を後ろに配置。

3

球根の上に厚さ約5cmの土をかぶせ、ビオラも高さを合わせて植える。ウオータースペース用に、鉢縁より3cm下になるように土の量を調節。

4月中旬にはチューリップが満開になり、完成した寄せ植え。ビオラやチューリップの花色を黄色やオレンジ色でまとめて春色の鉢植えに仕上がった。

秋のおすすめ植物

初秋は夏の花と、晩秋は紅葉した樹木と競演する秋の花々。不思議とどこか落ち着きのある花色をしていて、そっと庭に彩りを添えてくれます。アレンジメントでも大活躍します。

イソギク

乾燥に強いので水やりが少なくてすむ。初夏に切り戻すと、コンパクトに仕立てられる。晩秋に黄花を咲かせ、生花のアレンジメントやドライフラワーに使える。

ユーパトリウム‘チョコレート’

黒みがかった葉が個性的。白花とのコントラストが美しい。初夏に切り戻すとコンパクトに仕立てられる。生花のアレンジメントで楽しめる。

シュウカイドウ

こぼれダネで簡単に増え、やさしさを添える花は秋の庭に欠かせない。群生させると見事。生花のアレンジメントで楽しめる。

シュウメイギク

秋の訪れを告げる花。生育旺盛で地下茎で増えるので、ときどき整理が必要。半日陰の花壇でも開花する。草丈が低い矮性種なら支柱がいらない。

ツワブキ

常緑の葉が庭を年じゅう彩り、秋には黄花が開花。ひなたでも、少々の日陰でも花を咲かせ、斑入りなど種類が意外と豊富。カラーリーフとしても使える。

レオノティス・レオヌルス

花の少ない晩秋から冬にかけて咲く貴重な花木。高さ約2mだが、初夏に切り戻すと、コンパクトに仕立てられる。生花やドライフラワーで楽しめる。

サルビア・インボルクラータ

花の少ない晩秋の花壇後方を彩る、ピンク色の個性的な花が目を引く。草丈約2mだが、初夏に切り戻すとコンパクトに仕立てられ、切り花になる。

メキシカンセージ

秋の定番花。初夏に切り戻すと、コンパクトになる。寒さが苦手なため、晩秋、厚めに腐葉土をかぶせておくと安心。アレンジメントやドライフラワーで楽しめる。

パイナップルセージ

花の少ない晩秋の庭に欠かせないハーブ。葉は香りがよく、赤い花は樹木の紅葉と相性抜群。草丈約150㎝だが、初夏に切り戻すとコンパクトになる。

カラスバミセバヤ

葉が黒みを帯びた個性的なミセバヤ。濃いピンク色の花と葉のコントラストが美しく、秋の紅葉も鮮やか。水やりが少なくてすむ。

オオベンケイソウ

草丈約50㎝、花壇中央か後方向き。直径約15㎝の花は華やかで開花期が長い。多肉植物なので、水やりが少なくてすむ。

サルビア‘ライムライト’

ライムグリーンのガクと濃い紫色の花のコントラストが美しい、丈夫なサルビア。初夏に切り戻すとコンパクトに仕立てられる。生花のアレンジメントで楽しめる。

クジャクアスター

ひなたの花壇を彩る秋の定番花。種類が豊富で、色、形ともに多彩。初夏に切り戻すとコンパクトに仕立てられる。切り花でもドライフラワーでも楽しめる。

ガイラルディア‘グレープセンセーション’

初夏から秋遅くまでと開花期が長く、夏も休まず咲くのが魅力。花後のぽんぽんも愛らしい。生花のアレンジメントで楽しめる。

フジバカマ

ナチュラルな花姿は、秋の庭に欠かせない。地下茎でどんどん増え、整理が必要。初夏に切り戻すと、コンパクトになる。秋にアサギマダラのチョウが訪れる。

秋の楽しみ

庭で収穫した草花を逆さにつるしてドライフラワーに。乾燥後、黒いポリ袋に入れて密封しておくと、半年くらいは色がきれいに残ります。園芸のオフシーズン、保存しておいたドライフラワーでアレンジメントを作るのも楽しい「花遊び」です。

ドライフラワーのアレンジメント

壁に飾っても、キャンドルホルダーがわりに使ってもすてきなドライフラワーのリース。市販のリース台に、グルーガンを使って小房に分けたアメリカノリノキ'アナベル'を直接貼りつけてリースベースを作る。その上に、他の花材をバランスよく接着して完成。

使用花材

アメリカノリノキ'アナベル'、センニチコウ、ルナリア、カンガルーポー、ナンキンハゼの実、クレマチスの果球など器に'アナベル'を敷き詰め、初夏のルナリアやテイオウカイザイク、夏のセンニチコウ、秋のピラカンサなどのドライフラワーをトッピング。

使用花材 センニチコウ（2種）、テイオウカイザイク、ルナリア、ピラカンサ、アメリカノリノキ'アナベル'など

実ものとセンニチコウのアレンジメント

収穫したセンニチコウと実ものを合わせた生花のアレンジメント。マグカップなどに生けて、しばらくテーブルに飾って楽しんでからドライフラワーにする。

使用花材 センニチコウ、斑入りのアイビー、ピラカンサなど

収穫したセンニチコウをドライフラワーに。クリスマスの飾りや、冬のドライアレンジメント作りに使用する。

COLUMN

自家製腐葉土の作り方

庭仕事で出た剪定枝などを細かく刻み、乾燥させ、使用ずみ用土に混ぜて腐葉土を作ります。
向かないのは、刻みにくく、発酵しづらいニューサイランや太い枝、トゲのあるバラなど。
土を再利用できる腐葉土作りは、特にベランダガーデナーにおすすめです。
また、生ゴミなどは入れず枝葉を乾燥させた有機物で作るので、においや虫が発生せず衛生的です。

用意するもの

プラスチック鉢、使用ずみ用土、乾燥した落ち葉や枝葉、ドライフラワーなど、手袋、剪定バサミ

＊使用ずみ用土は根を取り除いておく。

1 寄せ植えなどで使用した土を、深さ約3cm鉢に入れる（底に穴をあけた園芸用土袋でもよい）。

2 乾燥した落ち葉を手でもんで細かくして入れる。

3 細かく刻んで乾燥させたセンニチコウなどの枝葉を入れる。

4 使用ずみ用土を約3cm入れる。

5 色あせたアメリカノリノキ‘アナベル’などのドライフラワーを、手でもんで細かくして入れる。

6 乾燥した‘アナベル’の茎を、剪定バサミで細かく刻んで加える。

毎月1回攪拌《かくはん》する

①

大きい容器に腐葉土を移しかえて上下をひっくり返し、スコップで混ぜる。

②

手でもみながら元の鉢に土を戻し、有機物の分解を促進。有機物が少ないときは、乾燥した材料を少し加える。

③

水分が少ないときは、握っても水が滴らない程度に少し水を加える。

4〜6カ月後に完成！

気温が高いと有機物の分解が進むので、4〜9月は4〜5カ月、冬は約6カ月で完成する。できた腐葉土は、園芸用土のあき袋に入れ、雨のかからない場所で保管。

7 この作業を繰り返し、握っても水が滴らない程度に少し水を加える。

8 日付を書いたラベルを置く。

9 雨水が入らないように、ふたをする。

10 雨が当たりにくい軒下などに置いて管理。

グラスと赤い実ものが主役

Winter Garden

ウインターガーデン

剪定と防寒対策がポイント！

冬の園芸作業は、美しい春の庭づくりや翌年の植物の順調な成長に欠かせない、頑張りがいのある作業です。

冬の作業も秋と同様に大きく分けて2つ。ひとつは庭木の剪定や枯れ葉の整理など、もうひとつは植物の防寒対策です。

わが家の小さな庭では、庭木の剪定は目的別。コンパクトに仕立てたいスモークツリーはコピシング（今年伸びた枝を切り取る）、落葉樹は風通しをよくするために不要な枝や枯れ枝などを整理、また、常緑樹はクリスマスのアレンジメント作りに合わせて同じように剪定します。剪定枝で長いものは支柱に、短いものはアレンジメント作りに再利用し、ギボウシなどの枯れ葉は、細かく刻んで腐葉土作りの材料にしています。

最低マイナス5度になる庭の防寒対策としては、本格的な冬の到来前に、寒さに弱い植物は不織布で覆い、花壇や鉢の完熟堆肥のマルチングをすませ、南側の軒下へ鉢植えを避難させておきます。寒波が来る前日には、鉢やバケツ、あいた園芸用土袋などを、庭に植えてある寒さが苦手な植物にかぶせ、不織布などで鉢植えを覆って防寒しています。

寒い屋外での地味な作業ですが、春の庭が成功する絶好の機会ととらえ、着々と作業を進めるのがコツです。

冬の庭のアクセントカラー、赤色でまとめた寄せ植え。冬の間は植物の成長がゆっくりなので、少し詰め込み気味に植えても大丈夫。緑葉と赤い花や実ものの組み合わせは、クリスマスにもお正月にもぴったり。クリスマス用のガーデンピックを飾って。〈使用花材〉ビオラ、チェッカーベリー、カルーナ・ブルガリス

冬の花壇を彩るのは、スキミア‘ルベラ’の赤や白のつぼみと、赤い実の‘ファイチー’。常緑のスキミアは成長がゆっくりで手間いらず。ビオラの鉢植えを花台に置くと、冬もにぎやか。

アーチに絡ませた冬咲きクレマチス・アンスンエンシスは、2月に白い花を無数に咲かせ、雪景色の中で咲く姿が美しい。花後の果球を乾燥させると白いポンポンになる（124ページ参照）。夏は葉やけをするので遮光を。

冬の庭を彩る
おすすめグラス

冬の庭は緑が少なく寂しくなりがちです。わが家では、カレックスなどのグラス類を年末に整理しないでそのまま残し、冬の庭を彩るようにしています。カレックスやアルコス黄金などは常緑で強健。ひなたでも半日陰でも育ち、暑さや寒さに強く、株分けで簡単に増やせます。

リボングラス

カレックス‘エヴァリロ’

カレックス‘ブロンズカール’

アルコス黄金

カレックス・オシメンシス

カレックス‘スパークラー’

スキミア'ルベラ'

冬の庭をドレスアップする赤い実ものと花

寂しい冬の庭を毎年華やかに彩ってくれる、スキミアの赤いつぼみやコトネアスターの実ものなど。赤色は、わが家の冬の庭のアクセントカラーです。スキミアやチェッカーベリー、ナンテンは半日陰が、ローズヒップとコトネアスターはひなたがお好みです。

スキミア'ファイチー'

チェッカーベリー

ローズヒップ

ナンテン

コトネアスター

冬の庭仕事

翌春の庭を美しく保つために欠かせない冬の庭仕事。剪定や整理、防寒、春の準備など、ガーデニングシーズンの中で一番作業が多い季節かもしれません。霜がおりる前の12月中旬までに、できることから早めに少しずつすませておくと安心です。

☑ 目的別の剪定

冬の作業といえば真っ先に思いつくのが庭木、花木の剪定。春以降の状態を想像しながら、目的別に剪定しています。不要な枝は支柱にするなど再利用できます。

11月下旬
〜12月

病気を防ぐ

ゲッケイジュ

カビが発生したことがあるゲッケイジュは、それ以来、風通しをよくするために強剪定に。株元に植えてあるアジサイやニューサイランなどにも日が当たるようになった。

ヤマボウシ

開花は初夏。風通しをよくして病気を予防するために、枯れ枝や内側に伸びた枝、重なって混み合った枝などの不要な枝や、暴れた枝を整理する弱剪定がおすすめ。春開花のハナミズキも同様に。

アジサイ

7月後半に剪定を終えたアジサイは不要な枝を整理したあと、麻ひもで後ろの板塀に株ごと固定しておく。夏の台風対策にもなり、枝葉が広がって隣の植物の生育を妨げなくなる。

手入れがラクなコンパクトサイズに仕立てて

スモークツリー

スモークツリーは、あえて花ではなく、季節ごとに変化する美しい葉を楽しんでいる。その年伸びた枝をすべて剪定(コピシング)してコンパクトに。管理がしやすくなる。

アメリカテマリシモツケ ‘ディアボロ’

高さ約2mにもなる、銅葉が個性的な‘ディアボロ’。わが家の小さな庭では冬に強剪定してコンパクトに仕立て、手入れをしやすくしている。初夏にかわいい花は咲かないが、季節にそって変化する美しい葉が楽しめる。特に紅葉が美しい。

スモークツリーのその後の成長

4月中旬。新芽が出始める。

5月。銅葉が展開し、その美しさを楽しめるようになる。

☑ 枯れ葉の整理

枯れ葉はご近所の迷惑にならないように整理します。剪定枝と同じようにエコを意識して枯れ葉もムダにしません。

枯れ葉を整理して再利用

ギボウシ

茶色く枯れたギボウシの葉を抜き取る。整理した葉は細かく刻んで乾燥させ、手作り腐葉土の材料にする。この時期に仕込んだ腐葉土は、翌年の初夏には完熟し再利用できる（98〜99ページ参照）。

フウチソウ

枯れ姿が冬じゅう楽しめるフウチソウも、わが家では刈り取る。整理した枯れ葉をお正月用のアレンジメントの花材に使い、余った枯れ葉は細かく刻んで腐葉土の材料にする（98〜99ページ参照）。

翌春や初夏に花が咲く 花木の弱剪定

トキワマンサク ‘ブラックパール’

春に花後の強剪定をし、冬は暴れている枝を、形を整える程度に弱剪定。春や初夏に咲く花木はすでに花芽をつけているので、剪定しすぎると翌年花が咲かなくなるため気をつける。

冬に整理してアレンジメントに使える植物

整理した枝葉は再利用します。太くてまっすぐな長い枝は小枝を取り除いて支柱に、小枝は生花やクリスマスのアレンジメントに使います。残った剪定枝は捨てないで細かく刻み、乾燥させて腐葉土作りの材料に。

ゲッケイジュ

病気予防のため強剪定した枝は、太くまっすぐな長い枝がとれ、支柱に最適。小枝でアレンジメントを作り、葉は乾燥させて料理に。アレンジメントを飾ると、ゲッケイジュの香りが部屋中に漂う。

|アレンジメント| p119〜

トキワマンサク ‘ブラックパール’

刈り込みに強く生育旺盛で、紫葉が個性的な‘ブラックパール’。春に濃いピンク色の花が咲くと、満開時はとても華やか。剪定枝で生花やリースなどのアレンジメントを作ると和風の雰囲気に仕上がる。

コニファー

コニファーはクリスマスのアレンジメント作りに合わせて剪定し、リースなどに。飾ったあと、乾燥し茶色くなったリースやブーケは、くずして細かく切り刻み腐葉土作り（98〜99ページ参照）の材料にする。

フウチソウ

このままにしておくと枯れ葉が飛んでしまうので根元から整理している。ひなたや半日陰の花壇を彩り、丈夫で手間いらずの代表的なカラーリーフ。グラウンドカバーに使え、年々大株に育つ。

|アレンジメント| p122〜

☑ 冬の初めの防寒対策

霜がおりる前の12月の暖かい日に、完熟堆肥を厚さ5cm（寒さに弱いメキシカンセージなどには10cm）、鉢植えや花壇全体に敷き詰めることにしています。植物の防寒対策になるだけでなく、翌年の雑草予防にも効果的。保水性もよくなり、夏の水やりの回数も減ります。

二重鉢にする

寒さが苦手な植物の鉢植えには二重鉢も効果的。外側と内側の鉢の間に、丸めた新聞紙やプチプチ（気泡緩衝材）などを入れておくと、さらに保温効果が上がる。

鉢植えのマルチング

秋に植えたばかりの草花や、挿し木したもの、寒さに弱い植物などの鉢植えにも、完熟堆肥を敷き詰め防寒対策をする。

水道やホースの凍結予防

わが家では、水の調節がしやすく、花壇の奥の植物に散水しやすい、金属製のロングノズルタイプのハス口を使っています。ただ、真冬はマイナス5度程度まで下がる庭では、ハス口内の水が凍って壊れやすいので、水やりの回数が少ない冬は、プラスチックタイプのハス口に交換しています。

屋外の水道栓には、タオルやプチプチ（気泡緩衝材）などを厚めに巻いておくと安心。

気温が0度以下になる前に、ハス口を取りはずし、ホース内の水を抜いておく。

庭植えのマルチング

青色アジサイ

酸性土を好む青色アジサイの株元も、酸度未調整のピートモスと完熟堆肥でマルチング。乾燥が苦手なアジサイにとって、水もちがよくなり、花色がピンク色に色変わりしにくい。

ブルーベリー

酸性土が好きなブルーベリーの株元に、酸度未調整のピートモスと完熟堆肥を敷く。このとき、適量のブルーベリー用肥料もあたえる。

1　適量のブルーベリー用の肥料をあたえたあと、酸度未調整のピートモスを、株元に厚めに敷く。

2　1の上に完熟堆肥を敷く。この順で敷くと、あらかじめピートモスに水分を含ませなくても、風でピートモスが飛ばされない。

マルチングのあとの庭。見栄えがよくなり、グラス類の葉色がいっそう際立つきれいな庭に。年末の庭仕事の達成感が感じられる。

☑ 霜や雪よけ対策

12〜2月

寒波がやってくる前日の夕方、寒さに弱い植物や、秋に植えたばかりの植物などを重点的に、鉢やバケツ、あいた園芸用土袋などをかぶせてまわります。このひと手間で、植物が枯れることもなく、翌年、順調に育ちます。

草丈の高い植物は支柱を立ててから

ニオイバンマツリ(奥)、メキシカンセージ(手前)。寒さが苦手な高さのある植物には、支柱でオベリスクを作り、あいた園芸用土袋や不織布などで覆い、洗濯バサミで支柱に留める。

鉢植えは南側の軒下に避難させる

南側のパーゴラの下に避難させた鉢植え(上)。寒くなる前日に、不織布や透明のビニールシートで覆い、洗濯バサミで留めて雪や寒風にそなえる(下)。換気扇用ネットやあいた園芸用土袋でもよい。

鉢などをかぶせて寒さと傷みを防ぐ

寒波が去ったあと、枝が折れないようにホウキでやさしく庭木に積もった雪を落とし、それから、かぶせた鉢などを取り除く。

降雪前

降雪後

クリスマスローズ

寒さに強いクリスマスローズだが、雪に埋もれると傷んでしまうので、鉢をかぶせて保護するのがおすすめ。この方法で、ほとんど傷まず冬を越してくれる。

ガーデンシクラメン

冬の庭に彩りを添えてくれるガーデンシクラメン。厳しい寒さには弱いので、氷点下になる前日、ひと回り大きな鉢をかぶせておく。

つるバラの剪定と仕立て直し

落葉後、カイガラムシなどがついていないか確認し、細い枝や枯れ枝を整理して古い麻ひもをはずします。つるバラを仕立て直すときは、洗濯バサミでつるを仮留めしながら誘引すると、作業がスムーズに進みます。

12〜1月

1 細い枝や枯れた枝を取り除く。

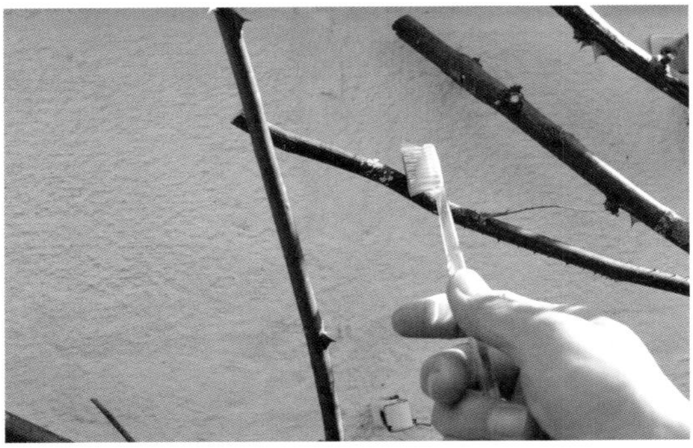

2 カイガラムシがついていたら、古くなった歯ブラシでこそぎ落としておく。

3 古い麻ひもを取りはずす。

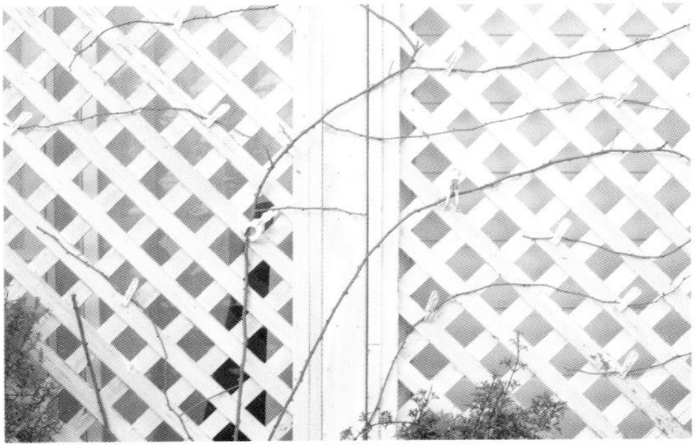

4 つるを誘引して、洗濯バサミで仮留め。できるだけ平行に誘引し、間隔を約20㎝あけると風通しがよくなり病気の予防になる。

仮留め用の洗濯バサミは、中型と大型の2種類を用意。中型は細い枝に、大型は太い枝に、枝の太さや留める場所によって使い分ける。

5 仕立て直しの全体像が決まったら、麻ひもで固定する。

洗濯バサミをはずして、誘引完了。

5月、仕立て直した2年目のバラ‘フィリス バイド’が満開に。やっと骨格ができあがったから、来年がもう楽しみ!

フィリス バイド

早春の作業

植物の根が動きだす前の2月、庭や鉢植えの植物に寒肥を与えます。また、まだ寒い時期にもかかわらず、園芸店では多年草や庭木の苗が出回り始めるので、新しく植えた植物には、簡単な防寒をしておくと安心です。

2月

多年草や庭木の苗の植えつけ

モミジ

暖かい日に植えたモミジ'珊瑚閣《さんごかく》'。まだ寒の戻りがあるこの時期は、根を保護するために、株元まわりをあいた園芸用土袋で覆い、洗濯バサミで留めて簡易な防寒をしておく。袋は寒い間はつけたままに。

果樹(キイチゴ)

新しくお迎えしたキイチゴ。ひなたの花壇に植えたので、完熟堆肥を厚めに株元に敷いて簡単な防寒対策をしておいた。

寒肥やり

2月の暖かい日に、多年草や庭木の根が広がっている先に、球根穴あけ器で穴をあけ、市販の粒状の化成肥料を適量入れて土をかぶせる。寒肥をあたえると、植物たちが活動を始めたときに栄養が吸収できて成長が順調。

冬の庭仕事をするときは、使わなくなった発泡ポリエチレンの風呂マットを敷いて作業をすると、暖かくて膝も痛くなく、片づけも簡単。風呂マットの大きさはお好みで。

植えつけ前のポット苗も防寒を

冬の間に手に入れたポット苗も、植えるまでは防寒対策をすると安心です。発泡スチロールの箱に入れておくと、保温になり寒風も避けられます。その上に不織布をかぶせたら、少々の寒波は大丈夫。

冬咲きクレマチスの整理

冬の間楽しんだクレマチス・アンスンエンシスももう終わり。地際から高さ50㎝残して整理。花後の果球を乾燥させて、リースなどの飾り用にあき箱などに保存しておく。暑さが苦手なので、夏は日よけがおすすめ。

｜アレンジメント｜ p124～

防寒用具の取りはずし

3月、まだ支柱はそのまま残し、不織布などを取りはずして、枯れた枝葉などを整理。霜がおりる予報が出たら、再度簡単に取りつけ、暖かくなったらすべて取り除く。

グラスの整理

冬じゅう庭を彩ってくれたグラス類、傷んだ葉を根元から整理。春になると、ぐんぐん美しい新葉を伸ばし、あっという間に葉が茂る。

明るい緑葉が目を引くカレックス'エヴァリロ'。寒さで傷んだ葉を根元から切る。

冬のおすすめ植物

冬の庭は赤い実ものが中心で花は少し。でも、冷たい空気の中で健気に咲いている花々には、独特の美しさがあります。そんな京都の冬に耐えられる植物をご紹介します。

白実ナンテン

常緑で半日陰の花壇を白い実が彩り、こぼれダネで増える。小房に分けてクリスマスリースの飾りや、お正月の生花のアレンジメントの花材にもなる。

斑入りヒイラギ

初冬、白い香りのよい花を咲かせ、半日陰で育てられる成長が遅い花木。斑入り葉は、半日陰の花壇を明るくし、クリスマスのアレンジメントに重宝する。

サルココッカ

日陰で、早春に香りのよい白い小花を多数咲かせる。冬にはクリスマスの飾りに使える赤や黒い実がなる。常緑で丈夫、自然に形が整うので世話がラク。

ギンバイカ

常緑で刈り込みに強く生育旺盛。ひなたの花壇で、初夏に美しい白花を多数咲かせ、秋に黒い実がなる。黒い実の枝はクリスマスのアレンジメント作りに使える。

ニューサイラン

扇状に広がる草姿が庭の植栽に変化をあたえる。ひなたを好む常緑の多年草。銅葉や紫葉と葉色が多彩で、草丈60㎝～3mと種類も豊富なカラーリーフ。

ヤツデ

日陰を彩る貴重な常緑の花木。冬に咲く白花は地味だけれど、花が少ない冬には貴重。斑入り葉のヤツデは、日陰の花壇を明るくしてくれるからおすすめ。

ハボタン

冬の間は成長がゆっくりなので、初冬から春まで長く楽しめる。色も形も種類が豊富で、冬の寄せ植えにぴったり。春に咲く黄色の小花もかわいい。

センリョウ

冬の日陰の花壇を赤や黄色の実が彩る。刈り込みに強いのでコンパクトに仕立てている。こぼれダネで簡単に増え、お正月のアレンジメントに欠かせない。

マンリョウ

冬の日陰の花壇を赤や白い実が彩る。常緑で丈夫、こぼれダネで簡単に増える。クリスマスリースの飾りや、お正月のアレンジメントに使える。

コトネアスター

ひなたの花壇で、初夏に白い小花を咲かせ、秋に赤い実をつける。トゲがないから扱いやすい。クリスマスのアレンジメントやお正月の飾りに使える。

ヘレボルス・ニゲル

毎年、花が少ない冬に白花を咲かせ、咲き進むとピンク色に色づく。長く楽しめる、丈夫なクリスマスローズ。常緑の葉はグラウンドカバーになる。

ヒイラギナンテン‘清流’

半日陰の花壇で冬に黄色の花を咲かせ、常緑で刈り込みに強い。矮性種の‘清流’は管理しやすい。葉は生花のアレンジメントに使える。

オキザリス‘桃の輝き’

‘桃の輝き’は冬はひなたを好み、日陰の風通しのよい場所で夏越しさせれば、毎年たくさんの花を咲かせる。自然に分球して簡単に増える。

ツバキ

毎年花を咲かせる常緑の花木。成長は遅く、半日陰を彩る貴重な花木のひとつ。種類が豊富。鉢で育てると、コンパクトに仕立てられる。

ネリネ

別名ダイヤモンドリリー。秋～初冬に咲く花は貴重で、ひなた～半日陰の花壇を華やかにする球根植物。乾燥に強く水やりが少なくてすむ。分球して増える。

〔冬の楽しみ〕

冬はクリスマスやお正月などイベントが目白押し。わが家では、イベント用のアレンジメント作りに合わせて庭木を剪定。リースやスワッグの材料として剪定枝を使います。自分で育てた植物でアレンジメントを作るのは、ガーデニングのあとの楽しいひとときです。

基本のゲッケイジュのリースの作り方（119ページ参照）で、コニファーなどを加えたリースを作り、クリスマス用に飾りつけ。ギンバイカの黒い実などをグルーガンで接着。

使用花材　ゲッケイジュ、キンポウジュ、コニファー、ヤマボウシの実、サンキライの実、ギンバイカの実、ネズなど

基本のゲッケイジュのクリスマスリース

用意するもの

市販のリース台、ビーディングワイヤー28番、ニッパー、剪定バサミ、ローリエやキンポウジュの剪定枝

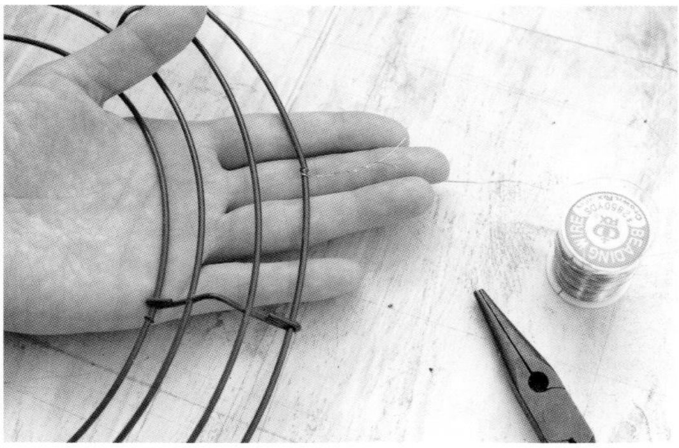

1　リース台にビーディングワイヤーを取りつける。

2　長さ約12㎝の小枝の束を、ビーディングワイヤーで内から外に数回、回してしっかり縛る。

3　リース台に固定した小枝の束の上に、次の束を円を描くように少しずらして重ねながら同じ作業を繰り返す。

4　最後の束を、最初の束の下に入れ、ビーディングワイヤーで固定して完成。最後の束を短めにすると、最初の束の下に入れやすい。

さわやかなグリーンリースのできあがり。しばらく、このままの姿とゲッケイジュの香りを楽しんで。あとでクリスマス用に、木の実などを飾ってもすてき。

剪定枝で作るクリスマススワッグ

用意するもの

長さ約50㎝の各種剪定枝、輪ゴム、剪定バサミ、フローラルワイヤー、ハサミ、リボン

使用花材

ゲッケイジュ、キンポウジュ、メラレウカ、ギンバイカなどの剪定枝

1 剪定枝の下葉を取り除く。

2 剪定枝の色合いを考えながら、それぞれの枝を配置して束にする。

3 大きな洗濯バサミで束を留めると作業がラク。

4 輪ゴムで束を固定する。

5 下葉をとった枝の長さを剪定バサミで切りそろえてから、ちょう結びにしたリボンをワイヤーで取りつける。裏側に残ったワイヤーで輪を作って壁やドアに飾る。

ミモザ（ギンヨウアカシア）やトキワマンサク‘ブラックパール’の剪定枝で作ったスワッグに、赤いヒペリカムの実を飾って。

フウチソウのお正月のアレンジメント

基本のゲッケイジュのリースの作り方（119ページ参照）で、整理したフウチソウの枯れ葉を使ってリースベースを作る。センリョウやマンリョウなどの実ものをグルーガンで接着して完成。赤い実のセンリョウの枝を使うと、簡単にお正月の雰囲気が出せる。

使用花材	フウチソウの枯れ葉、赤い実のセンリョウ、白い実のマンリョウ、アオモジ、ナンキンハゼ、マツカサなど

剪定枝で作るクリスマススワッグの作り方（121ページ参照）で、フウチソウの枯れ葉をベースにしてお正月用スワッグを作った。ユーカリやアオモジ、バラ'スノーグース'のローズヒップ、ヒペリカムの実のついた枝などを足し、リボンのかわりに、お正月らしいひもを選んで結ぶ。

使用花材	フウチソウの枯れ葉、ユーカリ、アオモジ、ローズヒップ、ヒペリカム

整理したフウチソウの枯れ葉で三つ編みを作り、それをベースにして、ベニシダや斑入りのアイビーなどをグルーガンで接着。最後に赤い実や木の実を飾って完成。お正月用の花材のウラジロなどがなくても、庭のベニシダや斑入り葉でお正月飾りが簡単に作れる。

使用花材	フウチソウの枯れ葉、ベニシダ、コニファー、斑入りのアイビー、スキミア‘ファイチー’の赤い実、アオモジなど

赤と白実マンリョウのアレンジメント

庭のマンリョウの実やスキミアの花を少し収穫して、お正月の生花のアレンジメントを作った。器は、赤や黒、白のものを使えばお正月風に仕上がる。収穫するとき、見えにくい位置や重なり合っている枝葉や実をとるようにすると、庭が急に寂しくならない。

使用花材	マンリョウの赤と白の実、スキミア‘ルベラ’の花、斑入りのアイビー

冬咲きクレマチス・アンスンエンシスのアレンジメント

生花のリース風アレンジメント

大きな器に水を入れ、リースを作るようにクレマチス・アンスンエンシスのつるを丸めて生ける。その間に、冬でも緑のツルニチニチソウの枝を挿して完成。

剪定枝のリース

冬咲きクレマチスは剪定したつるでリースなども作れる。生のリースをすぐ壁につるすと型崩れするので、でき上がったリースを新聞紙の上に置き、乾燥させてから飾るのがポイント。1週間もすると、クレマチスの果球がかわいらしい丸いポンポンになり、すてきな丸いリースに仕上がる。

ガーデントラッグの
アレンジメント

余ったつるを木製のガーデントラッグ（用具入れ）に無造作に入れたドライアレンジメント。丸いポンポンになったクレマチスの果球がガーデントラッグからあふれて愛らしいアクセントに。

用意するもの

冬咲きクレマチス・アンスンエンシスの剪定枝、剪定バサミ、洗濯バサミ

1 洗濯バサミでところどころ留めながら、丸くまるめてリースを作る。

2 クレマチスのつるを足しながら、リースをしっかりとさせる。

3 すぐにつるすと楕円形に型崩れするので、新聞紙の上に置いて乾燥させると丸く仕上がる。

COLUMN

こたつ園芸とバードウォッチング

**真冬は、たまに鉢植えに水をあげるくらいで、園芸作業がほとんどありません。
園芸雑誌を読んだり、アレンジメントを作ったり。春を待つ穏やかなひとときです。
庭の実ものを食べにくる野鳥を観察しながら、冬はのんびりと過ごしたいものです。**

園芸がオフシーズンの冬でも、楽しみはたくさんあります。剪定枝でクリスマスやお正月用のアレンジメントを作ったり、マンリョウなどの赤い実を食べにくる野鳥を観察したり。

また、春になるとなにかと忙しくなるので、夏や秋の植栽計画を冬に練っておくのがおすすめです。

夏や秋の草花や野菜を、こたつに入って家族と相談しながら選ぶのは、わくわくする楽しい時間。この時期、タネや苗を注文しておくと、欲しいものが手に入りやすい。

庭で見られる鳥たち

エサ台にアワやヒエなどを置いて、野鳥の来訪を眺めるのが日課。メジロは冬咲きクレマチスの蜜を、イソヒヨドリやヒヨドリは赤い実ものを食べにくる。

おわりに

最近の異常な暑さのせいで、夏の水やりがつらくなったり、急な豪雨で庭が荒れたり……。ガーデナーにとっては、厳しい環境になりつつあります。

でも、この本でご紹介したおすすめの植物たちなら、多少のことは大丈夫。日差しがきつく葉やけしそうになったら、不織布と支柱用のポール、洗濯バサミで簡単な日よけをつくるなど、工夫しだいで乗り越えられるはずです。

最後に、シニアガーデナーはもちろん、時間のない週末ガーデナー、これから庭づくりを始めようと思っている方にも、この本がラクに長く園芸を続けられるヒントになれば幸いです。

【追伸】6月に京都を訪れる機会がありましたら、私がデザインした、東山の新善光寺の紫陽花の庭を訪ねてみてください。

青木純子

青木 純子 Junko Aoki

園芸家、フォトグラファー。京都市在住。園芸歴約30年。シニアガーデナーや時間に余裕のないガーデナーにおすすめの、「先を見越した無理のない園芸で美しい庭づくり」を実践。個人宅の庭や、京都東山の新善光寺の紫陽花の庭をデザインしている。また、庭で育てた草花で生花のアレンジメントや押し花、ドライフラワーなどを作って楽しむアフターガーデニングも提案。2015年より、主婦の友社から発売している『ガーデンフラワーカレンダー』では、庭で育てた草花の生花のアレンジメントが好評でロングセラーとなっている。

https://www.j-aoki.gr.jp/

https://www.instagram.com/aftergardening_j.aoki/

STAFF

ブックデザイン　柴田紗枝（monostore）

撮影　青木純子

イラスト　カワキタフミコ

校正　大塚美紀（聚珍社）

編集担当　柴﨑悠子（主婦の友社）

長《なが》く続《つづ》けられる美《うつく》しい庭《にわ》づくり

2023年11月20日　第1刷発行

2024年 3月10日　第3刷発行

著　者　青木純子《あおきじゅんこ》

発行者　平野健一

発行所　株式会社 主婦の友社

〒141-0021　東京都品川区上大崎3-1-1　目黒セントラルスクエア

電話03-5280-7537（内容・不良品等のお問い合わせ）

049-259-1236（販売）

印刷所　大日本印刷株式会社

ISBN978-4-07-454787-6

本書は雑誌『園芸ガイド』の掲載記事に新規の記事を加え、編集したものです。